顾与识
产学合作培养研究生佳作集

"跨区域、跨校际、跨行业"研究生联合培养基地案例库建设
深圳·北京校企艺术硕士研究生联合培养基地
产教融合与设计创新

Retrospecting and Reunderstanding
Collection of Masterpieces of Industry-university Cooperation
Training Graduate Students

"Cross Regions, Cross Universities, Cross Industries"
Construction of the Case Base of Graduate Joint Training Base

The University-enterprise Joint Training Base
of Shenzhen & Beijing for Art Major Postgraduates

Integration of Education and Design Innovation

U0330636

潘召南　颜政　刘波　张宇锋　编
Pan Zhaonan, Yan Zheng, Liu Bo, Zhang Yufeng

中国建筑工业出版社
CHINA ARCHITECTURE & BUILDING PRESS

校企联合培养研究生工作站（环境设计学科）
Sichuan Fine Arts Institute & YZ Environment Design & Paul Liu Design Consultants (HK) Co., Ltd & China Construction Engineering Design Group Co., Ltd
The College and Enterprises Joint Postgraduates Training Workstation (Environmental Design)

项目管理：四川美术学院研究生处、四川美术学院建筑与环境艺术学院
Project Managers: Postgraduates Office of Sichuan Fine Arts Institute
Architecture and Environmental Art School，Sichuan Fine Arts Institute

学术委员会 Academic Council

（按姓氏拼音排序 In Alphabetical Order by Pinyin of Last Name）

段胜峰 Duan Shengfeng	苏永刚 Su Yonggang
郝大鹏 Hao Dapeng	孙晓勇 Sun Xiaoyong
何潇宁 He Xiaoning	王天祥 Wang Tianxiang
黄红春 Huang Hongchun	王　铁 Wang Tie
黄志达 Huang Zhida	肖　平 Xiao Ping
焦兴涛 Jiao Xingtao	谢亚平 Xie Yaping
琚　宾 Ju Bin	余　毅 Yu Yi
刘　蔓 Liu Man	周炯焱 Zhou Jiongyan
龙国跃 Long Guoyue	周维娜 Zhou Weina
庞茂琨 Pang Maokun	赵　宇 Zhao Yu
潘召南 Pan Zhaonan	张　月 Zhang Yue
彭　军 Peng Jun	张宇锋 Zhang Yufeng

工作站负责人 Studio Directors

潘召南（校方站长）College Director：Pan Zhaonan
颜　政（企方站长）Enterprise Director：Yan Zheng
刘　波（企业站长）Enterprise Director：Liu Bo
张宇锋（企方站长）Enterprise Director：Zhang Yufeng

导师团队 Tutors

校方导师 School Mentor
（四川美术学院）潘召南　龙国跃　赵　宇　余　毅　谢亚平
许　亮　杨吟兵　刘　蔓
（清华大学美术学院）张　月
（中央美术学院）王　铁
（西安美术学院）周维娜
（天津美术学院）彭　军
（四川大学艺术学院）周炯焱
College Tutors:
（Sichuan Fine Arts Institute）Pan Zhaonan, Long Guoyue, Zhao Yu, Yu Yi, Xie Yaping, Xu Liang, Yang Yinbing, Liu Man
（Academy of Arts & Design, Tsinghua University）Zhang Yue
（Central Academy of Fine Arts）Wang Tie
（Xi'an Academy of Fine Arts）Zhou Weina

（Tian Jin Academy of Fine Arts）Peng Jun
（Arts College of Sichuan University）Zhou Jiongyan

工作室导师 Studio Mentor
刘　波　张宇锋　颜　政　杨邦胜　琚　宾　孙乐刚
严　肃　肖　平　程智鹏　张　青　黄志达　何潇宁
Enterprise Tutors:
Liu Bo, Zhang Yufeng, Yan Zheng, Yang Bangsheng, Ju Bin, Sun Legang, Yan Su, Xiao Ping, Cheng Zhipeng, Zhang Qing, Huang Zhida, He Xiaoning

工作组 Administration Group

校方管理人员 - 牟芹芹　曾韵筑
企业管理人员 - 黄振锋
College Group: Mu Qinqin, Zeng Yunzhu
Enterprise Group: Huang Zhenfeng

进站学生 Workstation Student
（四川美术学院）唐　瑭　张　毅　张美昕　闻翘楚　罗　娟
陈秋璇　陈依婷　杨蕊荷　夏瑞晗　欧靖雯　王梓宇　刘祎瑶
王艺涵　帅海莉　曾韵筑　邓千秋　周诗颖　荣振霆　何嘉怡
陈心宇
（清华大学）朱楚茵
（天津美术学院）王常圣　杨海龙
（西安美术学院）戴阎呈　解颜琳
（四川大学）王　泽　李梦诗
（中央美术学院）赵雪岑
（Sichuan Fine Arts Institute） Tang Tang, Zhang Yi, Zhang Meixin, Wen Qiaochu, Luo Juan, Chen Qiuxuan, Chen Yiting, Yang Ruihe, Xia Ruihan, Ou Jingwen, Wang Ziyu, Liu Yiyao, Wang Yihan, Shuai Haili, Zeng Yunzhu, Deng Qianqiu, Zhou Shiying, Rong Zhenting, He Jiayi, Chen Xinyu
（Tsinghua University）Zhu Chuyin
（Tianjin Academy of Fine Arts）Wang Changsheng, Yang Hailong
（Xi'an Academy of Fine Arts）Dai Yancheng, Xie Yanlin
（Sichuan University）Wang Ze, Li Mengshi
（Central Academy of Fine Arts）Zhao Xuecen

顾与识
产学合作培养研究生佳作集

Retrospecting and Reunderstanding
Collection of Masterpieces of Industry-university Cooperation
Training Graduate Students

"四川美术学院校企联合培养硕士研究生工作站"项目简介

Introduction of Sichuan Fine Arts Institute and Enterprises Joint Training Postgraduates Workstation

校企联合培养研究生工作站（环境设计专业·深圳站、北京站）简介

Introduction of the College and Enterprises Joint Postgraduates Training Workstation (Environmental Design·Shenzhen,Beijing)

　　四川美术学院校企联合培养硕士研究生工作站（环境设计专业），简称"校企联合培养研究生工作站"，2019年9月—2020年6月（第六期）由四川美术学院、深圳市梓人环境设计有限公司主持的深圳站与中国中建设计集团有限公司主持的北京站共同主办。校企联合培养研究生工作站本着"互惠共享、互利共赢、共同发展"的原则，于2014年5月在中国深圳市正式挂牌成立，是中国设计学科环境艺术设计方向的第一个"跨区域、跨校际、跨行业"的多校、多企联合培养研究生平台。

The College and Enterprises Joint Postgraduates Training Workstation of Sichuan Fine Arts Institute Environmental Design subject), is also abbreviated to"The College and Enterprises Joint Postgraduates Training Workstation". In September 2019 - June 2020 (phase VI), Sichuan Fine Arts Institute, YZ Environment Design and China Construction Engineering Design Group Corporation Limited presided over the Beijing workstation. Based on the principle of "mutual benefit, sharing, benefit and common development", the school-enterprise training workstation was officially established in Shenzhen, China in May 2014. It is the first "Cross regions, cross universities, cross industries" graduate platform for various school-enterprise training workstation in the direction of environmental art design of Chinese design discipline.

宗旨 Aim

　　校企联合培养研究生工作站充分发挥四川美术学院、清华大学美术学院、中央美术学院、西安美术学院、天津美术学院等7所参与院校的设计学科优势与深圳、北京设计机构的行业优势，共建育人平台，共享信息资源，共用人力资源，创新产学合作协同育人的方法，实现"跨区域、跨校际、跨行业"的远程培养新模式，以"育人、用人、塑人"的培养路径，打通学校与企业的上下游通道，搭建创新与共享一体化的研究生培养平台。

The College and Enterprises Joint Postgraduates Training Workstation give full play to the advantages of the design disciplines of 7 participating colleges and universities including Sichuan Fine Arts Institute, Academy of Arts & Design, Tsinghua University, Central Academy of Fine Arts, Xi'an Academy of Fine Arts and Tianjin Academy of Fine Arts, and the industry advantages of Shenzhen and Beijing design institutions. We have achieved development collaboration in sharing enormous resources of information, manpower and scientific-technologies. To improve corporate comprehensive development strength, we have realized cross-regional, cross-discipline and intercollegiate new patterns of talent cultivation. Through the cultivation-employment-characterization mode for talents, an innovation-sharing integrated training platform is established.

运作方式 Operating Mode for Environmental Design Postgraduates

　　整合高校学科资源和企业项目资源，建立产学合作的校企联合培养研究生工作站，工作站针对研究生二年级的学生，为期一学年，第一学期在深圳、北京

企业培养，第二学期返校后通过网络视频继续开展设计与课题研究指导。在深圳、北京聚集两地知名设计企业搭建研究生培养平台，并聘请建站企业的国内精英设计师带项目、课题进站，成为驻站导师；在校研究生通过遴选进站的方式，成为进站学员，并跟随导师进入设计企业学习。驻站导师通过实际项目指导研究生展开设计创新和课题研究，将最前沿设计理念、设计方法以及设计经验传授给学生。目前，研究生工作站已拥有 10 余位优秀的企业导师，他们除各自指导跟读的研究生外，还定期开设导师讲堂，针对所有进站学生授课。网络视频指导汇集了企业导师、学校导师共同智慧，参与研究生工作站的教学过程，达到了产学合作、协同育人的目的，真正补充了研究生们校园里欠缺的知识与能力。

Integrating the discipline resources and enterprise project resources, we established the College and Enterprises Joint Postgraduates Training Workstation. The workstation is for the students of the second year of postgraduate study, with a term of one academic year. In the first semester, we trained students in enterprises in Shenzhen and Beijing. In the second semester, students returned to school and we continued to conduct design and subject research to guide them through online videos. We gather well-known design enterprises in Shenzhen and Beijing to build a postgraduate training platform, and employ domestic elite designers of the enterprises to bring projects and topics into the station and become resident tutors. Through selection, graduate students in school become entry students, and follow the tutor to enter the design enterprise for study. The Resident Tutor guides the graduate students to carry out design innovation and subject research through practical projects, and imparts the most cutting-edge design concept, the most design method and design experience to the students. At present, the graduate workstation has more than 10 excellent enterprise mentors. In addition to the graduate students who guide their own follow-up, they also regularly set up tutor lectures for all incoming students. The online video guidance brings together the common wisdom of enterprise tutors and school tutors, participates

in the teaching process of graduate workstation, achieves the goal of production university cooperation and collaborative education, and truly complements the lack of knowledge and ability of graduate students in the campus.

建站意义 The Significance of Postgraduates Training Workstation

针对高校设计学科研究生培养与社会需求脱节、理论与实践割裂的问题，由四川美术学院组织创建的国内第一个校企联合研究生培养工作站，为高校设计学科研究生教育教学改革进行创新性与探索性实践，为实现应用性学科教育贴近社会、生活、行业、市场贡献有价值的经验。

In view of the problem of the disconnection between the postgraduate training of design discipline and the social demand, and the separation of theory and practice, the first university enterprise joint postgraduate training workstation in China, organized and established by Sichuan Fine Arts Institute, carrying out innovative and exploratory practice for the postgraduate education and teaching reform of design discipline in Colleges and universities, and contributes to the realization of the practical discipline education close to the society, life, industry and market value experience.

校企联合培养研究生工作站将通过建立校企、校校多边联盟的方式，促进企业与高校的广泛合作与交流，创新中国设计教育人才培养模式，推动设计教育与设计行业接轨，传承中国设计精神，激发青年学子设计强国的梦想与热情。

The College and Enterprises Joint Postgraduates Training Workstation will promote the extensive cooperation and exchange between enterprises and universities, and innovate the talent training mode of China's design education, and promote the integration of design education and design industry, and inherit the Chinese design spirit, and stimulate the dreams and enthusiasm of young students who are strong in design.

四川美术学院 · 深圳市梓人环境设计有限公司 · PLD 刘波设计顾问（香港）有限公司 · 中国中建设计集团有限公司

校企联合培养研究生工作站（环境设计学科·深圳站）站长简介

Sichuan Fine Arts Institute & YZ Environment Design & Paul Liu Design Consultants (HK) Co., Ltd. & China Construction Engineering Design Group Co.,Ltd
Studio Directors of the College and Enterprises Joint Postgraduates Training Studio (Environmental Design · Shenzhen)

潘召南

Pan Zhaonan

毕业院校：1983 年 7 月 - 1987 年 7 月
就读于四川美术学院工艺美术设计系

工作单位：1987 年 7 月留校任教至今

职务职称：四川美术学院创作科研处处长、三级教授，资深室内设计
师，国际 A 级景观设计师（注册号：003002746），
中国美术家协会会员

近年出版著作

2020 年《振兴·来自西部乡村的力量——乡村建设中的地方性
立场与民族性视域》，西南大学出版社。

2020 年《重识》，中国建筑工业出版社。

2019 年《顾》，中国建筑工业出版社。

2018 年《聚》，中国建筑工业出版社。

2017 年《拓》，中国建筑工业出版社。

2016 年《行》，中国建筑工业出版社。

2015 年《寻》，中国建筑工业出版社。

2008 年《生态水景观设计》，西南大学出版社。

个人荣誉：

■ 2019 年 12 月，被重庆市教委授予"巴渝学者特聘教授"。

■ 2019 年 11 月，入选重庆市委首批"重庆英才计划——创新领军人才"。

■ 2018 年 10 月，国家艺术基金会项目评审专家。

■ 2018 年 5 月，住房和城乡建设部城市建设咨询专家、重庆市住房
和城乡建设委员会城市建设专家委员会委员。

■ 2018 年 4 月，被中国建筑装饰协会评为"2018 中国设计年度学
术带头人"。

■ 2017 年 2 月，被聘为国家社科基金艺术学项目评审专家。

■ 2016 年 4 月，被聘为教育部人文社会科学研究项目评审专家。

■ 2015 年 11 月，被聘为光华龙腾奖"中国设计业十大杰出青年"评委。

■ 2015 年 3 月，被评为"2014 中国设计年度人物"。

近年研究项目

2019 年 6 月　主持重庆市教委研究生教改重大项目——"跨区域、
跨校际、跨行业"研究生联合培养基地、案例库建设。

2017 年 8 月　主持国家艺术基金项目——"西部乡村建设创新营建
人才培养"。

2017 年 1 月　主持研究国家艺术基金项目——"重拾营造——中国
传统村落民居营造工艺研究成果展"（已结题）。

2016 年 12 月　主持重庆市社科重点项目——"西部乡建的设计伦理
重构研究"2016WT31。

2016 年 6 月　主持重庆市艺科重点项目——"西部美丽乡村建设中
的地方性立场与民族性视域"16ZD033。

2014 年　　　主持重庆市教委研究生教改重大项目——"艺
术设计学科产教合作创新性人才培养模式实
践"YJG20161003（已结题）。

参加主持研究国家科技部、住房和城乡建设部"十二五
重大国家科技支撑项目——中国传统村落民居营建工
艺保护、传承与利用技术集成"课题2014BAL06B04（已
结题）。

四川美术学院 ·深圳市梓人环境设计有限公司 ·PLD 刘波设计顾问（香港）有限公司· 中国中建设计集团有限公司

校企联合培养研究生工作站（环境设计学科·深圳站）站长简介

Sichuan Fine Arts Institute & YZ Environment Design & Paul Liu Design Consultants (HK) Co., Ltd. & China Construction Engineering Design Group Co.,Ltd
Studio Directors of the College and Enterprises Joint Postgraduates Training Studio (Environmental Design · Shenzhen)

颜　政

Yan Zheng

梓人设计董事 / 设计总监
高级室内建筑师

个人简介

　　颜政女士，大学主修服装设计，后于法国国立工艺学院（Le CNAM）深造，在她近二十年的室内设计生涯中，倡导空间感受的"极致优雅"，以国际化视野诠释当下中国高净值人群的典雅生活。

社会职务 & 个人荣誉

深圳市室内设计师协会副会长
中华文化促进会人居文化委员会副主任
2019 年中国设计年度人物
2018 年胡润百富最受青睐华人设计师
2018 年粤港澳大湾区设计行业推动人物（杰出榜）
2008 年中国建筑装饰协会当代最受尊敬的杰出设计师
蝉联四届深圳市最佳室内设计师

获奖经历

■ 2019 年，柏林 Design Awards 金奖。
■ 2019 年，巴黎 Design Awards 金奖。

■ 2019 年，法国 DNA "Winner - 设计奖"。
■ 2019 年，英国 SBID-finalist 国际设计大奖。
■ 2019 年，日本 JCD 国际商空设计 longlist 入围奖。
■ 2018 年，英国 LICC 伦敦国际创意决选奖 & 荣誉提名奖。
■ 2017 年，美国 IDA Honorable Mention 荣誉奖。
■ 2017-2018 年度意大利 A' Design Award 国际设计金奖。
■ 2016 年，德国 IF "INTERIOR ARCHITECTURE INTERIOR DESIGN" 设计大奖。
■ 2015 年，英国 SBID "Best Residential Project under 1 Million" 金奖。
■ 2015 年，英国 London Design Award 设计大奖。

设计主张

　　每个空间都是为解决人特定的生存功能而存在的，空间是每个特定生活行为的背景，个体生命体验的差异使不同的人群对空间有不同的归属感，开始一个空间创作的第一步便是把握使用者的精神内涵。设计的过程便是将这种抽象的精神转化成有质感的物质空间的过程，这很像拍电影，故事的内核有了，脚本也就渐渐地出来了，其余的有关于设计语言、选材、物料等，就如同电影拍摄的舞美、灯光、音乐、角色的选定，该怎么演就完全取决于对那个结果的诉求，不会刻意去突出某个单独的细节，一定服从于核心和整体，也不需要为每一个空间赋予单一的主题或答案，有时候客人所需要的就是多重而复合的感受，使用者需要的是言已尽而意无穷的想象空间和自己的生活加入之后，空间的再丰富和再创作。但有一个是不变的，那就是品质与耐看，极致的优雅。

校企联合培养研究生工作站（环境设计学科·深圳站）站长简介

刘 波

Paul Liu

PLD 刘波室内设计（深圳 / 香港）有限公司创始人

社会职务

深圳市空间设计协会会长
住房和城乡建设部中国建筑装饰协会专家
亚太酒店协会专家委员会专家
深圳市政府建筑装饰行业专家评审委员会专家
2018 粤港澳大湾区十佳酒店会所设计师
2018 粤港澳大湾区设计行业代表人物
《中国室内》编委

个人简介

　　Paul 作为一个拥有近 30 年酒店室内设计经验的设计师，乐于在设计专业领域里探索求新。擅长处理复杂的内部空间，设计风格稳健而富于变化，在色彩和造型处理上更是得天独厚，颇有心得。在与多个国际品牌酒店管理公司及酒店开发商合作过程中，积累了众多成功合作的经验，深谙五星级酒店功能和形式的和谐统一之道，并成功将国际酒店管理理念和价值观与每个项目的当地特色完美结合。

　　Paul 确信有一种美可以在东方与西方、古代与现代、时尚和经典之间通行自由，并且以此为团队和个人的追求目标。由于深知在专业的道路上，永无止境可言，在创造出能感动人心的作品的过程中，得以深知，自由是源于自律，空间是来源于凝聚，而创造出能经历时间考验，无拘于东方和西方形式的经典，必然是来自于人们内心深处的虔诚。

获奖经历

■ PLD 荣获 "2019 第十四届金外滩奖最佳酒店空间设计"。

■ 2018 荣获 "新加坡 SIDA 国际室内酒店类别金奖"。

■ PLD 荣获美国 IDA 国际设计奖。

■ PLD 荣膺 2018 金堂奖。

■ PLD 荣获英国伦敦设计大奖。

■ PLD 荣获法国双面神 "GPDP AWARD" 国际设计大奖。

■ PLD 荣获 "世界设计冠军联赛卓越奖"。

■ PLD 荣获 "美国 Hospitality Design Awards 酒店设计优秀奖"。

■ 刘波先生荣获 "2018 华人设计杰出人物"。

■ 刘波先生荣获 "2017 金殿奖年度杰出设计师奖"。

■ 刘波先生荣获中国室内装饰协会 "中国室内设计卓越成就奖"。

■ 大中华区最具影响力设计机构。

■ 深圳室内设计行业杰出贡献奖。

■ 1989-2009 中国室内设计二十年杰出设计师。

设计主张

　　真正的艺术应当是跨文化、跨宗教、跨种族，历久而不衰，有着与人类精神共鸣的结晶。而设计源于艺术，却体现了更多时代发展的印记。设计师对现实生活的理解，曾读过的书、走过的路、热爱的事，都将成为其作品的灵魂。我们常常反复去斟酌内心的需求，平衡利弊，最终以艺术的方式作为表达。尤其是为酒店做室内设计，与之打交道的其他设计顾问有很多，如何做到融合各个专业的需求，突出使用体验，维护合作方的投入成本，并保有艺术的独特性和前瞻性，是需要设计师用一生来学习和沉淀的。

四川美术学院 · 深圳市梓人环境设计有限公司 · PLD 刘波设计顾问（香港）有限公司 · 中国中建设计集团有限公司

校企联合培养研究生工作站（环境设计学科·北京站）站长简介

Sichuan Fine Arts Institute & YZ Environment Design & Paul Liu Design Consultants (HK) Co., Ltd. & China Construction Engineering Design Group Co.,Ltd
Studio Directors of the College and Enterprises Joint Postgraduates Training Studio (Environmental Design · Beijing)

张宇锋

Zhang Yufeng

中国中建设计集团有限公司党委委员、总经济师
中建城镇规划发展有限公司董事长

社会职务

中国建筑学会工程总承包专业委员会秘书长

四川美术学院硕士研究生导师

中央企业青年联合会副秘书长

中央企业青年志愿者协会副主席兼秘书长

中国建筑青年联合会执行秘书长

中国青年企业家协会理事

北京市人力资源和社会保障局评标专家

个人简介

　　张宇锋先生为国家发改委 PPP 专家库、财政部 PPP 专家库专家，曾参与中国平安全国后援中心项目，获中国建设工程鲁班奖、全国建筑装饰奖、上海市建设工程"白玉兰"奖；参与上海环球金融中心项目，获全国建筑装饰工程奖；参与北京香格里拉饭店项目，获第 15 届亚太地区室内设计大奖金奖；参与大连国际机场航站楼工程，获北京市建筑装饰优良工程奖；参与中国华能大厦装饰工程，获 2010 年美国 LEED 绿色建筑金奖；参与中国国际贸易中心三期工程，获中国建设工程鲁班奖；参与徐州北三环高架环线工程，获中国建设工程鲁班奖等。

项目荣誉及个人成就

■ 2001 年，大连极地海洋动物馆项目获"辽宁省优质工程奖"。

■ 2001 年，双威视讯网络有限公司办公楼工程获"北京市优质奖"。

■ 2007 年，中国平安全国后援中心工程获"中国建设工程鲁班奖"、获"全国建筑工程装饰奖"、获上海市建设工程"白玉兰"奖、获上海市优秀建设工程"金石奖"。

■ 2007 年，北京香格里拉饭店餐厅工程获"第十五届亚太区室内设计金奖"。

■ 2010 年，大连周水子国际机场新航站楼工程获"全国建筑工程装饰奖"。

■ 2010 年，北京华能大厦办公楼获"美国 LEED 绿色建筑金奖"、获中国国际空间环境艺术设计大赛办公工程类"筑巢奖"金奖。

■ 2010 年，取得"多层木积材造型艺术墙"实用新专利（专利号：201020269231.X）。

■ 2011 年，中国国际贸易中心三期工程获"中国建设工程鲁班奖"。

■ 2010 年，主持"高档酒店建筑装饰成套施工技术集研究"。

■ 2011 年，参与国家"十二五"科技支撑计划项目、装配式建筑原型科技支撑计划项目：装配式建筑原型设计、设备及全装修集成技术研究与示范。

■ 2012 年，在中国建筑装饰设计界成绩显著，获"中国照明设计应用大赛金奖"。

■ 2017 年，徐州北三环高架线工程获"中国建设工程鲁班奖"。

■ 2004 年，获"中国杰出青年室内建筑师"。

■ 2006 年，全国建筑工程装饰奖获项目经理。

■ 2006 年，获北京市建筑装饰行业"科技进步先进个人"称号。

■ 2006 年，《环境与人的关系》获"中华制漆杯"科技论文二等奖。

■ 2006 年，获"全国建筑装饰优秀项目经理"称号。

■ 2007 年，获"全国建筑装饰优秀项目经理"称号。

■ 2008 年，获"全国建筑装饰优秀项目经理"称号。

■ 2008 年，在中国建筑装饰设计界成绩显著，获全国有成就的资深室内建筑师。

■ 2009 年，获"全国建筑装饰优秀项目经理"称号。

■ 2010 年，获"全国建筑装饰优秀项目经理"称号。

四川美术学院 ·深圳市梓人环境设计有限公司 ·PLD 刘波设计顾问（香港）有限公司· 中国中建设计集团有限公司

校企联合培养研究生工作站·企业导师

Sichuan Fine Arts Institute & YZ Environment Design & Paul Liu Design Consultants (HK) Co., Ltd.& China Construction Engineering Design Group Co.,Ltd
Studio Directors of the College and Enterprises Joint Postgraduates Training Studio ·Enterprise Mentor

杨邦胜

Yang Bangsheng

YANG 设计集团创始人、总裁、首席设计师
APHDA 亚太酒店设计协会副会长
中国室内装饰协会（CIDA）副会长
中国建筑学会室内设计分会（CIID）副理事长
中国陈设艺术专业委员会（ADCC）副主任
中国装饰设计业十大杰出青年评审委员会执行主席

设计主张

1. 设计是解决问题，机电、灯光、景观、建筑、室内设计、酒店服务必须相互配合和谐统一，才会让人感到舒适。

2. 设计的价值不是简单的风格和创新，而是根植其中的文化属性。

3. 设计从来不是无中生有。对于传统文化，取其精髓，创新求变。唯有思变，方能传承。

4. 文化特性是酒店设计的核心，但文化的传达不应只是触碰事物表面。

5. 风格是多变的，唯有文化恒存。

6. 中国酒店设计方向应是站在民族、地方特色的本位，审视世界酒店的流行风向，这也是室内设计师的立足之本。

7. 做吝啬的设计。在地球资源有限的今天，设计师应力求通过简单、极致的设计，通过创意去改变空间的美感，创造项目的价值。

8. 保持内心的本真纯粹，才能做出无谓的作品。

琚 宾

Ju Bin

设计师、创基金理事、水平线设计品牌创始人兼
首席创意总监

设计主张

"无创新，不设计。"

致力于研究中国文化在建筑空间里的运用和创新，以个性化、独特的视觉语言来表达设计理念，以全新的视觉传达来解读中国文化元素。

在作品中，将"当代性""文化性""艺术性"共融、共生，以此作为设计语言用于空间表达。从传统与当下的共通、碰撞处，找寻设计的灵感。在艺术与生活的交错、和谐处，追求设计的本质。在历史的记忆碎片与当下思想的结合中，寻找设计文化的精神诉求。

深圳市梓人环境设计有限公司 &PLD 刘波设计顾问 [香港] 有限公司 & 中国中建设计集团有限公司北京工作站

YZ Environment Design & Paul Liu Design Consultants (HK) Co., Ltd. & China Construction Engineering Design Group Corporation Limited Beijing Workstation

设计主张

　　设计首先是实用美术的范畴，是要为人服务的，开展一项设计，再好的理念也应满足这项基本要求，设计师应站在生活的前沿，适度、适时地把新的生活方式和新的体验融入设计，带给使用者全新感受。好的作品如一缕清风，吹及内心；好的设计也应体现投资方的价值需求，是艺术表达和使用要求的合体。

孙乐刚

Sun Legang

毕业院校：法国 CNAM 学院

工作单位：广田装饰集团股份有限公司

职务：董事、副院长、一分院院长（兼）

专业职称：高级室内设计建筑师

设计主张

　　讲一个故事，先打动自己，再去感动别人；做一个产品，自己先试用，再推向市场。设计无优劣之分，只有不足之处，好用、好看，匠心精湛，别无他求。

肖　平

Xiao Ping

毕业学院：四川美术学院

广田集团设计院联合创办院长

中国建筑装饰协会设计委员会执委会委员、四川

美术学院设计学（环境设计）专业硕士研究生导

师、中国建筑装饰协会专家库专家

顾与识
产学合作培养研究生佳作集

Retrospecting and Reunderstanding
Collection of Masterpieces of Industry-university Cooperation
Training Graduate Students

严 肃
Yan Su
高级室内建筑师、高级景观设计师、清华大学高
级建筑室内设计高研班、瑞士伯尔尼建筑科技大
学硕士、北京林业大学景观设计研究生毕业。现
任深圳市广田建筑装饰设计研究院副院长、罗湖
区旧改项目设计师、中国饭店协会设计与工程委
员会常务理事、中国饭店协会国家级评审会会员

设计主张

严肃从事设计行业二十多年，擅长建筑空间、园林景观，灯光、照明等设计领域，他主持
设计的"百事达白金乐酒店""甘肃省陇能商务大酒店""百色右江景观带""宁波华诚花园
样板房""成都世季映像小区售楼处景观项目"等项目包揽了全国建筑工程优质工程管理与设
计奖、国际环艺创新设计大赛酒店设计工程的一等奖、国际环艺创新设计大赛景观设计类一等
奖、中国国际空间环境艺术设计大赛"筑雀奖"、国际环境艺术创新设计"华鼎奖"景观类一
等奖等知名设计奖项。他还被评为中国设计年度人物提名、中国国际世纪艺术博览会年度资深
设计师、中外酒店白金奖中国十大室内设计师等。

在丰富的项目实践基础上，严肃深入研究、总结、撰写并公开发表了《环境心理学理论浅
析对设计创作的影响》《中外室内装饰设计风格比较》《灯光在酒店空间的运用》《可持续性
的景观设计》等多篇学术论文，在业界享有极高的声誉。

严肃以"注重人性化，平和中彰显个性"的独特设计风格，致力于可持续设计，在设计思
考中平衡经济、环境、文化、道德因素。赋予建筑、景观可持久的生命力，让城市的发展保持活力。

程智鹏
Cheng Zhipeng
毕业学院：北京林业大学
深圳文科园林股份有限公司副总裁兼文科规划
设计研究院院长、中国勘察设计协会理事、深
圳市城市规划学会理事广东园林学会常务理事、
武汉大学海绵城市研究中心专家

设计主张

在风景园林行业多年的探索与实践中，深感风景园林行业应该高瞻远瞩，在生态文明建设
的大背景下，发挥全面的主导作用。风景园林应当承担起多专业协作的组织者和践行者的角色，
以更宏观的视野广泛吸纳并融合产业链上下游专业及平行专业的方法与工作，以地脉、文脉风
景和绿色基础设施引导新一轮的城市化建设，这也赋予了新时代下的风景园林新的使命：
1.倡导生态评估及风景评价，发挥风景园林在生态文明建设中的先导作用。
2.深化"海绵城市"及"城市双修"实践，发挥风景园林在构筑绿色基础设施中的载体作用。
3.参与"田园综合体"建设，发挥风景园林在创造美好人居环境、提供优质生态产品中的保障作用。
4.着手"生态都市主义"探索，发挥风景园林在多学科协作中的融合作用。

风景园林应当从全球生态系统出发，在构建人类命运共同体的基础上，践行"探索生态命
运共同体"的构想，统筹人居环境各行各业，树立包容、协同、可持续的生态观，共同、综合、
合作、可持续的新安全观，主动担负起传承传统园林文化、引领科学创新的使命，为构建生态
命运共同体贡献力量。

深圳市梓人环境设计有限公司 &PLD 刘波设计顾问 (香港 | 有限公司 & 中国中建设计集团有限公司北京工作站

YZ Environment Design & Paul Liu Design Consultants (HK) Co., Ltd. & China Construction Engineering Design Group Corporation Limited Beijing Workstation

张 青

Zhang Qing

毕业院校: 海南热带农业大学 (现海大)
深圳市筑奥景观建筑设计有限公司创
始人

设计主张

不断发现美，就是创造的过程。—— 让生命有温度！

绘画不只是画画，可能是一种思维方式，也可能是一种解决问题的渠道，又可能是自我认知的一种方式。美是没有目的和功利的，美是一种无目的的快乐。美是看不见的竞争力，关键就是如何保持高度的创造力！蒙娜丽莎的微笑，看到与否？生命都存在遗憾！如果经由很大的信仰和渴望，他会很美。如果不是智慧的方法，就会让人痛苦。

当需求满足于感官的时候，会对身边的美失去审视和欣赏。这是一种扭曲，反自然的，其实感官世界一败涂地，包括了整个社会感官世界的泛滥，人对人的不尊重和不信任，不能沉静下来领悟，更不会关照自己。找回自己的状态，安静下来，会听到很多声音，这是一种空的状态。美需要进入每个个体，各有各的领悟。领悟得到或领悟不到不是很重要。什么时候懂，什么时候领悟都是发现美的过程。艺术有理论的部分和实践，但终究还是回到对美的欣赏与感受。王国维说阅读有三个境界：（1）昨夜西风凋碧树，独上高楼，望尽天涯路。（2）衣带渐宽终不悔，为伊消得人憔悴。（3）众里寻他千百度，蓦然回首，那人却在灯火阑珊处。美需要积累和发现，大量的库存和积累，不经意间就会出现。美让生命对待压力、痛苦等，会以此释放情绪。我们现实中是不可能纯粹的，会有很多牵挂。美是现实生活的补充。春日在天涯，天涯日又斜。莺啼如有泪，为湿最高花。美不可旁观，一定要摄入，在其中，才会被感动。

黄志达

Ricky Wong

RWD 黄志达设计创始人及董事长
中国建筑装饰协会设计委员会副会长
亚太酒店设计协会专家委员会委员、常务理事
江南大学环境与建筑设计系专家顾问

设计主张

主张"设计给生活无限可能"，秉持"以终为始"的理念，用国际化的视野和理性的思维，致力于打造高端品位的建筑空间及产品。

顾与识
产学合作培养研究生佳作集

Retrospecting and Reunderstanding
Collection of Masterpieces of Industry-university Cooperation
Training Graduate Students

何潇宁

He Xiaoning

毕业院校：清华大学美术学院，日本东京艺术大学硕士

D&H 顶贺环境设计（深圳）有限公司董事长、设计总监。

SIID 深圳室内建筑设计行业协会会长；亚太酒店设计协

会副秘书长；深圳设计之都推广促进会理事；深圳市政

府专家咨询委员会专家；深圳大学设计与艺术学院客座

教授

设计主张

设计是为人服务的。

遵循"以人为本"的原则，主张从设计的合理性到设计的善意再到设计的美学，表达这一具有内在逻辑性的设计思维展开设计活动，强调合理及创造性地解决问题，信奉细节为王，崇尚大巧不工，重视生活的体验和现场的把控，认为没有"最好"的设计，只有"最适合"的设计。

四川美术学院 ·深圳市梓人环境设计有限公司 ·PLD 刘波设计顾问（香港）有限公司· 中国中建设计集团有限公司

校企联合培养研究生工作站·校内导师

Sichuan Fine Arts Institute & YZ Environment Design & Paul Liu Design Consultants (HK) Co., Ltd. & China Construction Engineering Design Group Co.,Ltd
Studio Directors of the College and Enterprises Joint Postgraduates Training Studio · Intramural Mentor

张 月

Zhang Yue

毕业院校：中央工艺美术学院

清华大学环境艺术设计系教授、中国室内装饰
协会设计委员会副主任、中国建筑装饰协会设
计委员会副主任、北京人民大会堂室内设计专
家评委、2015 年米兰世博会中国馆展陈设计项
目负责人、米兰理工大学客座教授

设计主张

设计的好坏应该考虑到它影响了多少人，很多所谓高大上的设计作品，虽然观念前卫，技术先进，但功能有限，影响范围有限，并不能成为社会生活的日常参与者，也就不可能成为改变生活的力量。设计应该保持生活的本色而不是装腔作势，"过度设计"不可取。空间环境是用来生活的，不是艺术品，也不是设计师的玩物。设计师是发现问题，寻找对策并解决问题，而不是不管三七二十一地做个作品。很多的设计者走入了误区，他们太想通过设计进行展现，太关注设计本身的专业问题，反而忽略了设计本来的目的——人的需求。设计师应该更多关注的是"人"而不是"设计"。把设计降低到服务于人的需求的主题之下，而不是设计一家独大。我们总在设计的语境里讨论问题会比较关注设计自身。但如果从生活的语境来说，人们更关注设计解决了什么生活需求。

彭 军

Peng Jun

毕业院校：天津美术学院

天津美术学院环境与建筑艺术学院教授、天津
市级高校教学名师、匈牙利佩奇大学客座教授、
中国建筑装饰协会设计委员会副主任、中国室
内装饰协会设计委员会副秘书长、中国美术家
协会会员

设计主张

创新是设计最本质的要求。

设计是创造美好生活、提高生活质量的重要环节。设计的创新不仅仅是简单的装饰美化、设计符号的堆叠，而是一种创造。没有创新的设计是无源之水，无本之木，设计创新要有与时俱进的理论支撑、设计实践的相互促进，才能使设计的创新达到更高的水平。创新性设计是一个设计师所要努力追求的能力高度。设计不是复制，而是要形成自己独特的设计语言与风格，而如何形成自己独有的设计语言，又和设计师本人的专业素养和文化修养息息相关，因此要不断地丰富生活经验，积累历史知识和专业能力储备。

顾与识
产学合作培养研究生佳作集

Retrospecting and Reunderstanding
Collection of Masterpieces of Industry-university Cooperation
Training Graduate Students

周维娜
Zhou Weina
毕业院校：西安美术学院
西安美术学院建筑环艺系主任、教授，陕西省美术
家协会设计艺术委员会委员、副秘书长，中国工艺
美术学会展示艺术委员会常务副理事长，陕西省教
学名师，西安市第十六届人大代表，中国室内装饰
协会设计艺术委员会委员

设计主张

设计是有生命的。

设计本身是一个具有生命体征的系统性工程，设计的对象是有生命的，也是有
生命周期的。所以，从设计的认知角度来说，首先要对产品有一个生命体征、生命
周期和所处环境多样性的系统性认知，每一件产品都是一个独立的生命体，同时它
与周边环境具有必然的和谐共生关系。当今设计的基本目的已不再是追求外表的形
式设计，而是建立人与自然和谐的共生关系，在满足人类健康生活方式的基础上，
倡导遵循客观规律和生态循环、探索生命持续发展与共生的一种生态设计。

周炯焱
Zhou Jiongyan
毕业院校：四川美术学院
俄罗斯国立师范大学博士，四川大学艺术学院艺术设
计系主任、副教授，四川大学艺术研究院副院长，中
国建筑装饰协会特聘专家，中国建筑协会室内设计分
会理事，四川专委会副主任，四川省高校环境艺术研
究会副会长

设计主张

做一个设计应该更多地思考设计本身的问题，每个空间因为地理位置、环境、
内部使用功能的不同，是独特而不可复制的，我们不能用现有的流行趋势去追随，
设计的自洽也因此而产生。摒弃所谓的"风格""观念"与"样式"，做出最符合
项目本身条件的设计，是设计最大的乐趣所在。就像医生看病，不是只用名贵药材，
而是对症下药，药到病除就是价值的体现。

而在信息充斥的时代下，如何利用信息，挖掘背后的文化内涵与艺术价值，为
用户创造符合他们个性的、最适宜的产品，并在此基础上引导正确的、朴素的、生
态的价值观和审美观，是设计师的社会责任。

龙国跃
Long Guoyue
四川美术学院环境艺术设计系教授、高级室内建筑师
中国美术家协会会员、中国建筑装饰协会设计委员会委
员、中国室内装饰协会设计委员会委员、重庆市规划委
员会专家

设计主张

当下艺术设计教学呈现多元化的趋势，很难形成一种标准的尺度，对学生专业能力的培养一直是我们美术学院最为关注的。龙国跃认为艺术设计教学培养学生的审美创造力是非常重要的，也就是培养学生在艺术设计审美中能动创造的能力，艺术设计中的审美创造力是我们美术学院学生专业和非专业的一种基本能力，可以在一定程度上反映出学生创造新认知、新思维、新观念、新手法的能力和创造新审美意象的能力。

艺术设计的审美创造力决定其原创性创造力、再创性、整合性创造力等不同形态和层次，艺术设计教学培养学生的审美创造力有助于提高学生自身的审美感受力、判断力、概括力、想象力、审美意象创造力等形象思维能力以及意境创造力、艺术表现力、审美评价能力等综合艺术设计能力。

赵 宇
Zhao Yu
毕业院校：四川美术学院
四川美术学院设计艺术学院环境设计系主任、
四川美术学院教授、中国建筑装饰协会设计委
员会委员、重庆市建设工程勘察设计专家咨询
委员会园林景观和装饰装修专业委员会委员

设计主张

艺术源于生活而高于生活，艺术≠生活，设计亦如此。

设计为人的需求服务，比艺术更接近生活，更贴近个人。所以，设计容易被误认为是单纯满足用户需要的服务。当人的需要具体到个人的要求时，这种需要往往会变得无聊甚至可怕。无聊尚可忍受，然而，一旦可怕的个人选择能够左右设计的时候，设计的命运，设计之下社会的、人类的命运，将是充满危机的冒险。因此，设计需要底线——为人服务的底线、可持续生存的底线、亲和友好的底线。

设计应该为生活树立表率！

顾与识
产学合作培养研究生佳作集

Retrospecting and Reunderstanding
Collection of Masterpieces of Industry-university Cooperation
Training Graduate Students

余 毅
Yu Yi
毕业院校：四川美术学院
四川美术学院教授
中国高等教育学会实验室管理工作分会理事
全国高校景观设计毕业作品展学术委员
中国建筑装饰协会设计委员会委员
中国建筑学会室内设计协会会员

设计主张

设计从来不是无中生有，它来源于生活，又回归生活。设计创造美好，空间设计集理性与感性、艺术与科学为一体。根据设计项目需求从多角度考量，以人为本，具有同理心，洞悉使用者的感受，传递感动；设计需要创新，在设计时结合本土文化，力求寻找独特的、具有感染力的设计语言，塑造新的设计形态；设计追求精益求精，注重空间设计的整体把握和细节的推敲；设计教学需要技巧，不仅要注意"授之以鱼"，更要"授之以渔"，强调设计教学与社会接轨，使理论学习与社会实践紧密结合。

刘 蔓
Liu Man
四川美术学院建筑与环境艺术学院教授、硕士生导师，北京源创绿建筑装饰有限公司重庆分公司负责人兼总设计师，中国医疗建筑设计师联盟第二届理事会理事，中国医药卫生文化协会人文医居分会第一届委员

设计主张

让自己的设计作品有自己的风格是每一个设计师所追求的目标，努力在医疗空间设计中将艺术与医疗文化相结合，致力于身体疾病与心理疾病相结合的学科研究，将情感带入设计、将设计融入生活，去创造愉悦的主题空间，把枯燥的医学知识通过艺术的表达，使其更加容易被大众理解和接受，让人真正在医院空间中得到心理和生理的双重治愈。

王　铁
Wang Tie
毕业院校：清华大学美术学院
留学日本获得硕士学位、工作于日本名古屋 BE 建筑
设计事务所，匈牙利 (国立) 佩奇大学荣誉博士学位；
中央美术学院教授、景观建筑艺术研究方向博士生
导师、建筑设计研究院院长；匈牙利佩奇大学信息
工程学院建筑学方向博士生导师；中国建筑装饰协
会设计委员会会长

设计主张

　　人类命运共同体理念已融入世界一体化、科技人类、智慧人类已锁定探索方向，
可以推测传统空间设计将逐渐融汇于大数据科技主流，未来高等教育艺考生群体将
面临改变的外在压力。由于单一学科的欠缺难于融入万物互联的精准时代，痛点和
短板呈现出来。如何前行值得深思，空间设计将步入输入操作方法而改变传统，新
逻辑和知识要求将改变传统群体结构，云技术大数据让构造与设备设计已不是难题，
安全科技高品质的苛刻环保规范将成为评价设计作品的硬核。

　　传统设计从业群体完成了时代使命，以阶段性胜利者的荣誉逐步融入科技时代，
面向未来而华丽转身。淘汰在历史进步中残酷无情，同时探索设计教育的又一条路
显现在面前，努力、补强。

　　在科技潮流面前主动和被动都是无法选择的，推力告诉初心者只有向前。新型
冠状病毒疫情开始就是中国走向未来发展的新起点，同时空间设计教育也进入了前
无古人参照物的深海，改变、探索、发现、融入是我等的方向。

谢亚平
Xie Yaping
毕业院校：中国艺术研究院
现任四川美术学院艺术教育学院院长、教授、研究生导师。
主持国家级、省市级科研项目多项。曾获得重庆市第八次社
会科学一等奖、第一届重庆市青年美术双年展优秀奖等。曾
策划中国美术馆《本体与重构》、国家艺术基金项目《设计
介入精准扶贫案例展》、北京设计周《手艺的重译》等展览

设计主张

　　中国当代设计形态正在发生的"六个转向"。设计方法从"碎片式地局部参与"
转为"不断深度介入的实践智慧"；设计目标不满足于"冷漠的销售"，而重视利
益相关者生活空间的"整体考量"；设计尺度不再遵从盲目的"大设计"，而是提
倡适度的"小设计"；设计价值不追求"重设计"，而是遵从"轻设计"；设计研
究正从"单一物质产品"转向"非物质形态"的研究；设计组织正从"设计师独立
运作"转变为"协同设计"。

顾与识
产学合作培养研究生佳作集

Retrospecting and Reunderstanding
Collection of Masterpieces of Industry-university Cooperation
Training Graduate Students

许　亮
Xu Liang

毕业院校：江南大学设计学院

四川美术学院建环学院教授、硕士生导师、高级室内建筑师。中国建筑装饰协会会员、中国工业设计协会会员、重庆市政府项目评审委员会专家、重庆市规划专家委员会委员、重庆市建筑装饰协会设计委员会专家。曾获中国建筑装饰协会"全国有成就的资深室内建筑师"荣誉。

研究领域：系统化空间设计理论、方法与应用

设计主张

　　设计发展到当下，思维方式正转向以思维创新为主，强调综合性、多样性和开放性，特别是综合集成的思维方式。由此，时代的发展、社会的进步、城市的建构、消费的行为等各个领域出现了关注系统化、整体化的能动趋势。这一趋势在环境艺术语言中亦有所呈现。如今，环境艺术设计已成为科学技术与人文精神之间一个基本和必要的链条，其内涵也被不断地拓展，已不仅仅是一个空间功能与形式协调统一的问题，而是进入对于人的存在和生活方式、生活价值以及生活哲学等社会意识形态问题的认识，成为人们生活在社会系统所必须关注的问题。这种定义范畴的扩展使得环境艺术设计的创意内涵和外延都变得日益复杂，要求多学科的知识以交叉、整合、渗透的培养方式即观察能力、解析能力、综合比较能力、系统处理能力和创造评价能力等综合素质的提升来拓展环境艺术设计的空间和设计师的成长成才之路径。

杨吟兵
Yang Yinbing

四川美术学院教授，环境艺术设计专业硕士研究生导师，图书馆副馆长。美国华盛顿大学访问学者，重庆市自然遗产和风景名胜区专家委员会委员，重庆市第三批学术技术带头人后备人选，重庆市高校中青年骨干教师

设计主张

　　设计驱动力源于创新，作为设计的灵魂，创新是设计的本质要求。设计教育的发展与社会的发展紧密相连，并随社会的变革而变革，没有创新就没有发展。设计教育专业作为研究生艺术教育的重要组成部分，理念的创新是其灵魂所在。设计创新理念的提升可以认知新趋势、求索新知识、创造新技术、追求新梦想。

深圳市梓人环境设计有限公司 &PLD 刘波设计顾问（香港）有限公司 & 中国中建设计集团有限公司北京工作站

YZ Environment Design & Paul Liu Design Consultants (HK) Co., Ltd. & China Construction Engineering Design Group Corporation Limited Beijing Workstation

马一兵

Ma Yibing

四川美术学院副教授，环境设计专业硕士研究生导师

设计主张

空间设计，遵循自然生命原理，顺从自然社会伦理，基于对现实的尊重，充满关怀，解决问题，艺术介入，促进循环，生态环境，营造美好生活。

顾与识
产学合作培养研究生佳作集

Retrospecting and Reunderstanding
Collection of Masterpieces of Industry-university Cooperation
Training Graduate Students

前言 | Preface

"真现场"

焦兴涛
Jiao Xingtao

不久前，清华大学校友高晓松说："清华大学培养的学生，应该拥有国之重器、胸怀天下的远大理想，而不是仅仅去谋求一个职业，否则和蓝翔技校有什么区别呢？"蓝翔技校校长荣兰祥很快回应："咱们蓝翔技校就是实打实地学本领，不玩虚的，如不踏踏实实学本领，那跟清华北大有什么区别呢？"

对这段"隔空喊话"的解读，可以有不同的角度。可以讨论阶层的不同理想，不同的社会话题，也可以讨论"高屋建瓴"和"实干兴邦"哪一个更具现实意义。如果从教育本身来看，是人才培养目标的差异性问题，是培养通识性、学术性的学者型人才和培养专业性、实践性的实用型人才的教育理念的分歧。

"胸怀天下"和"学习真本领"之间真的是这样水火不容、非此即彼吗？

"君子不器"固然是中国传统中重要的品格素质，但"知行合一"在今天看起来，似乎更有价值。对新型冠状病毒的研究如果不能转化为疫苗临床，就永远仅仅是《柳叶刀》上的一篇论文。这同样能为我们的艺术与设计教育带来思考。

毫无疑问，学院教育提供的是对经典和规范的学习，让我们的学生获得了解决丰富社会课题的基础，在建立的基础知识系统框架上，不断发展自身设计创造的能力——建立出发点，是一切创造活动的开始。从这个意义上讲，学院教育的重要性不言而喻。但是，这只是一个出发点，知识和规范系统如何在面对现实这个"对手"的时候，不断激发出具有创造性的解决方案，是衡量一个学生能力是否优秀的标准，也是设计教育的任务。

　　"知能并重"一直是四川美术学院教学的核心，如同在艺术创作领域强调"创作引领教学"，在设计教育领域同样强调"创新引领教学"，在实施路径上的"项目制"就是这一核心理念的具体践行。"项目"不是课堂上的"虚题"，不是想象与具体的人、社会缺乏真实联系的场所和需求，而是一个和我们现实生活状态有各种联系、复杂的空间交织、多样的人际互动、文化沉浸的存在，同时反过来成为塑造我们社会思想和行为的中介和场所。这样的"项目"或者说这样的"现场"只可能来自真实而丰富的社会生活。"临敌"靠背诵的一两本"剑谱"，那是有性命之忧的，就如同"极品飞车"即使开得再快，上了真正的赛道很有可能车毁人亡。

　　"中国现实的复杂、丰富和深刻，已经远远把作家的想象甩到了后面。生活中的故事，远比文学中的故事传奇好看得多，也深刻得多。"阎连科的话道出了中国现实的丰富性和想象力对于文学的影响。今天飞速发展的国家同样已经成为设计教育最好的对手和现场。人工智能、大数据、生物技术的突飞猛进，让我们面临的问题也日新月异，设计师们如何以设计的方式介入社会创新并引领时代的变革，是更具挑战和令人激动的话题。创新是需要真实的对手来激发的，没有问题，没有复杂问题的解决，怎么可能有创新？

　　四川美术学院深圳研究生工作站就是这样一个现场，是一个中国设计前沿和创新设计教育的"真现场"。产教融合、协同育人，不仅仅是中国设计教育的需要，也是中国高等教育的必然要求。设计的本质是创新，创新必须面对真问题。深圳前沿设计师的理念和项目，以及设计参与的过程是我们的学生最为宝贵的学习经验，其中的碰撞和交流，也让高校的教师有了更为开阔的视野。如此，"知行合一"理念下的"知能并重"才可能得以实现！他们持续六年的工作，让我们看到了中国设计教育的希望和价值。

　　感谢支持我们的企业导师们！感谢参与工作站的四川美术学院和兄弟院校的导师和同学们！

　　假以时日，持之以恒，可以想见，一批"身负绝技"并且"胸怀理想"的青年人即将站在这个时代的前沿。

焦兴涛

2020 年 6 月 8 日

目 录 Contents

Retrospecting and Reunderstanding
"Cross Regions, Cross Universities, Cross Industries"
Construction of the Case Base of Graduate Joint Training Base

顾与识
"跨区域、跨校际、跨行业"研究生联合培养基地案例库建设

关于"顾与识" | About Retrospecting and Reunderstanding

潘召南
Pan Zhaonan

　　对于一个事件来说，人们可能更关注结果。然而，对于一个事业来说，人们一定是看重它的过程。

　　校企联合培养研究生工作站迄今已开展了六期。从育人方法探索的层面上看，它像一个发生在某个时间里的事件，但从它对中国设计教育在现阶段所产生的作用来看，它一定是同育人事业相关联。因此，我们不仅要从事件发生的角度评价其结果，更要从设计教育事业的角度追问其过程。只有在过程上加以改变，才会对教育结果产生作用，而我们的实验恰恰是通过对研究生二年级期间学习方式的改变，从而影响研究生三年培养的最终结果。"顾与识"是对第五季与第六季的回顾与重识的创新成果再现，也是对进站研究生学习过程的直观了解。一直以来，在每一季工作站培养成果体现方面存在遗憾，仅在每年6月出站的例行展览上有个较为整体而短暂的亮相，缺乏完整的记录保存。由于每一季研究生的论文汇总与培养方法的梳理出版，在时间上始终同设计创新成果完全错位，为了在展览上能够呈现理论研究成果，每位研究生的论文发表只能配设计方案草图，无法等待设计完成后同步出版，因而导致以案例教学为主导的校企联合培养的设计实践方面不能完整体现，使得产教融合、协同育人的设计创新探索在重要环节上留有遗憾。鉴于此，工作站的导师们多次讨论如何弥补这一不足。恰逢2019年年初，重庆市学位办公布新一轮研究生教改研究项目指南，其中"研究生教改案例库建设"列入重人研究项目，正好急我们

顾与识
产学合作培养研究生佳作集

Retrospecting and Reunderstanding
Collection of Masterpieces of Industry-university Cooperation
Training Graduate Students

之所需，于是，接下来按要求准备申报材料。也正是有了历时 5 年的积累和需要更进一步的成果提炼，所申报的"'跨区域、跨校际、跨行业'研究生联合培养基地案例库建设"和"产教融合与设计创新"两个项目申报获批比较顺利，这是深圳·北京工作站自创建以来获得的第二个重大教改研究项目，对校企联合培养研究生工作站这一教改模式的进一步深入探索提出了新的要求、给予了更高的期盼。2019 年 12 月工作站的探索得到了重庆市学位办的肯定，获得"第一届重庆市研究生教育教学改革研究优秀成果奖"，并在重庆市学位办组织的研究生教育教学改革经验交流会上作专题报告。这对我们无疑是巨大的鼓励，证明了我们在校企联合研究生培养上的实验与实践是行之有效的。

对于案例库的建设，《顾与识 产学合作培养研究生佳作集》是汇集了第五季与第六季两期两地 26 名研究生，在深圳、北京不同企业背景和不同项目条件下形成的研究与设计创新成果。通过现实性的项目案例研究转换成创新理念，有效地驱动了设计的客观性、合理性；同时，产教融合背景下的设计创新又从现实性、应用性和商业性的层面丰富了设计理论研究的多元化思考，这种尝试很好地弥补了学校学科教育远离现实、重理论轻实践的能力培养缺失。产教融合研究生培养模式的探索不仅仅让学生们提前了解企业对人才的要求，制定自我择业目标，更重要的是深入企业岗位了解创新的意义与目的，有的放矢地激发学生的创造力，锻炼学生的设计创新能力，而非流于空想的创造和形而上的研究。将这些现实项目安排给进站学生，在企业导师和学校导师的分阶段合作指导下，完成设计创新实践和理论总结归纳，成为工作站在研究生培养上的主要特色，并将这些专项案例成果汇集整理成可供借鉴的范式经验，真正体现两个教改项目研究的创新价值。

为此，我要感谢深圳市梓人环境设计有限公司的创始人颜政女士、PLD 刘波设计顾问有限公司创始人刘波先生和中国中建设计集团有限公司的张宇锋先生。他们都是中国设计行业中的翘楚，在运作自己的设计企业、项目同时还身兼许多的社会职务，对于工作站的支持依然不遗余力、热情不减，出资出力地培养学生。在工作站成立之初他们就参与其中，陪伴工作站成熟和学生成长，也使得我们彼此成为朋友，互相非常理解和支持。我从内心里感谢他们，以及他们的企业团队，也感谢工作站的其他导师。他们对进站的每一届研究生都是一如既往地认真付出，我知道这全凭他们心中对设计事业的情怀，这是产教融合中言传身教最重要的东西。虽然，他们从来也没有表白过，但行动胜过一切说辞，没有谁可以强迫他们 6 年坚持做一样的事，只有心存愿望。

我们清楚地知道工作站在何时，为什么开始，但不知道这种形式培养在何时结束，就像人的生命知道何时出生，但不知道何时终结。总是有做不完的事情，总会面临不一样的问题，从不断涌现的问题反映出它在中国设计发展的现阶段仍然具有存在的价值。工作站的结束只能是一种自然的状态，要么问题解决，要么形式改变。产教融合协同育人不仅仅是中国设计教育的需要，也是中国的高等教育必须践行的路径。虽然，在第一个五年中我们凭借着从教多年的责任心和对显而易见问题的直觉判断，开展了持续五期的探索与实践，却并未严格地按照教育部产学合作协同育人项目要求进行建设（校企联合培养研究生工作站建立在教育部文件出台之前）。完全是根据同类学科所面临的同样问题展开的实验性、阶段性的教学探索，虽有明显的特色和自我适应性，但比对教育部的要求仍有距离和缺乏系统性。毕竟，我们的校企联合培养是建立在国家研究生学历教育的背景之上，并为其添加有益的内容，而非彻底改变。对于第一个五期历程的回顾和重识的开始（第六期），应该有一个新的开端，对产教融合协同育人有新的理解。从认识上去更新，在指导方法上进行调整，使之产生更好、更大的作用，并已经展开了一些尝试。我同几位导师多次讨论达成共识，在疫情后的培养内容应该更加丰富，探索目标应该更具针对性，人才培养方向更加明确。此书不再局限在一个字上单一的形式表意，而应体现案例教学回顾的价值和梳理设计创新重识的意义，即"顾与识"。

潘召南

2020 年 11 月 27 日于重庆大学城

2 0 1 9 – 2 0 2 0

四川美术学院联合校企培养工作站（第六届）
学生佳作

Students' masterpieces of the Sixth Session of the Joint
School-enterprise Training Workstation of Sichuan
Academy of Fine Arts (2019-2020)

顾与识
产学合作培养研究生佳作集

"跨区域、跨校际、跨行业"研究生联合培养基地案例库建设
深圳·北京校企艺术硕士研究生联合培养基地
产教融合与设计创新

Retrospecting and Reunderstanding
Collection of Masterpieces of Industry-university Cooperation Training
Graduate Students

"Cross Regions, Cross Universities, Cross Industries" Construction of the
Case Base of Graduate Joint Training Base / The University-enterprise
Joint Training Base of Shenzhen & Beijing for Art Major Postgraduates /
Integration of Education and Design Innovation

顾与识
产学合作培养研究生佳作集

Retrospecting and Reunderstanding
Collection of Masterpieces of Industry-university Cooperation
Training Graduate Students

游园·拾遗 —— 江南私家园林尺度 在当代酒店空间的应用

Gardening: Gleaning Relics
—— the Application of Jiangnan Private Garden Scale
in Contemporary Hotel Spaces

刘祎瑶〔深圳工作站〕

学校：四川美术学院
学校导师：许亮
企业名称：HSD 水平线室内设计有限公司
企业导师：琚宾

案例说明

江南私家园林尺度下的当代酒店空间设计研究 案例教学使用说明书

1. 案例教学目标

本案例参加了四川美术学院·深圳市梓人环境设计有限公司研究生联合培养工作站，导师选定的实际项目为研究载体的课题。通过对本设计实践案例的系统性了解及针对性讨论，希望学生从以下几个方面得到收获：

园林考察

（1）通过调研考察不同江南私家园林，得出尺度在江南私家园林中的特殊性与普遍性；

（2）了解当代酒店空间设计的发展趋势和设计前瞻性，探寻酒店空间与园林尺度的耦合性；

（3）掌握江南私家园林尺度在当代酒店空间设计中的策略及方法。

2. 案例讨论的准备工作（以石家庄正太酒店为例）

（1）调研江南私家园林底蕴的发展历史；

（2）了解石家庄城市文化地域以及和江南私家园林的共通点；

（3）测绘、分析江南私家园林尺度与酒店原始平面结构；

（4）根据项目特性植入江南私家园林尺度，形成矛盾统一的设计思想；

（5）系统研究江南私家园林尺度对当代酒店设计的启示。

3. 案例分析要点

本案例翔实描述了对石家庄正太酒店的设计实践，有助于学生从

顾与识
产学合作培养研究生佳作集

Retrospecting and Reunderstanding
Collection of Masterpieces of Industry-university Cooperation
Training Graduate Students

方案设计的角度对当代酒店空间设计进行全面的了解。

在设计初期，通过对江南私家园林的调研，了解尺度在不同功能、空间、环境中的规律性和特殊性。随后对石家庄正太酒店进行实际调研，当代酒店不该只满足于住宿功能，在讲究其功能性的同时，也应该反映出城市底蕴。通过酒店和周边环境现状情况的了解，发掘原有建筑与江南私家园林尺度的关联性，将尺度运用到设计之中，打造游园之感，使游客可以感受到历史的穿越碰撞以及中国传统文化，在日新月异的城市更迭中打造"虽由人作，宛自天成"的酒店空间。在对设计案例学习的基础上，引导学生就以下方面的问题进行思考：

（1）如何在看似矛盾的两个空间中找到契合点；

（2）如何在空间更新设计中，尊重历史，同时做到创新；

（3）运用"尺度"作为逻辑思考的桥梁，连接感性设计与理性设计；

（4）在研究设计方案中，思考尺度在不同时代的相同点以及发展创新。

4.教学组织形式：四堂研习（学堂、课堂、讲堂、会堂）

（1）进入企业转换角色（学堂）

以企业为学堂，以设计师为身份，按照岗位要求严格规范工作行为和完成研习目标，了解企业对人才的需求、认识专业、理解职业，提升学生的综合能力。

（2）以现场为教学环境展开调研、讨论（课堂）

此案例教学安排26课时：其中，实地考察2天（讨论与确定选题前后各1天），案例引入讲授2课时，场地空间分析与课题组讨论4课时，导师作针对性课堂小结2课时。

（3）形成课题组教学（课堂）

在案例讲解前，先让研究生对相关项目进行现场了解，根据学生

师生合影

对项目的关注点和研究意愿进行分组，并开始对案例的相关背景情况进行系统的介绍和分析。可将分析的重点拆分为：江南私家园林的造园手法、江南私家园林尺度的运用、当代酒店的功能性与文化性、当代酒店改造的案例分析、如何提高酒店的文化性，引导学生多角度了解案例的历史背景。

（4）组织多导师、多项目进行案例分享与调研（讲堂）

以项目案例研究为授课主导，工作站每周组织企业导师开展导师讲堂，将自己设计的典型案例作分享，多视野和多角度地影响研究生对案例研究的研习思考。同时导师带领课题组，就近选择多个具有代表性的园林作为案例调研对象，获取更多的知识和方法，学会从社会现象、历史背景和生产生活行为、项目产生的社会作用等方面获取基础资料，这对于做研究极为重要。

（5）案例教学引入（讲堂）

本案例教学要求学生在每个阶段以 PPT 形式进行 20 分钟以内的研究进展情况汇报，使导师能够在不同阶段了解案例理论研究与设计实践的真实学习状况，重点对案例的"研究方法""设计理念""设计动机""设计方法""设计作用"等方面的思考和创新能力进行指导。对于酒店空间改造项目导师给予了多方面的启发和其他相关案例的观摩，并从多方面进行系统性分析，尤其是理性的设计方法认知，以及材料运用和新技术采用上有了更多的认识，这些知识在学校的教学中少有涉及，只能在实际案例中获取。

（6）开放式讨论（会堂）

案例讲解后，可以小组为单位，对各小组的分析和研究情况进行汇报和交流，并同时展开师生间的开放式讨论。讨论会以现场结合网络远程视频会议的形式展开，对该学生的设计案例进行阶段性评价。

（7）定期会审检查（会堂）

在进入工作站后，四川美术学院将在每期的 10 月中旬和 12 月中旬组织参与院校导师和企业导师一起到工作站，针对每位研究生的课题案例教学情况进行检查。要求研究生们根据自己学习进度和阶段性成果做前期汇报，并由企业导师和学校导

顾与识
产学合作培养研究生佳作集

Retrospecting and Reunderstanding
Collection of Masterpieces of Industry-university Cooperation
Training Graduate Students

师作教学情况介绍，参会人员根据每位学生的案例研究成果逐一审议点评，并给予下一阶段的学习建议。通过四堂研习的模式，将设计企业、学校、研究生三方围绕项目案例展开创新性教学探索，并引导校企导师从不同角度换位思考人才培养的目的、过程和方法，从不同的关注点提点学生在理论、学术、设计方法、项目目标、经济目的等方面加以重视，促使学生对设计理论研究与实践有更深入的认识和理解。

5. 其他

此案例教学过程中以 PPT 幻灯片案例介绍、导师讲解、现场分析、会审指导为主要教学形式，教学材料多以资料图纸、客户访谈、现状调研、测绘、物料与技术了解等为主。

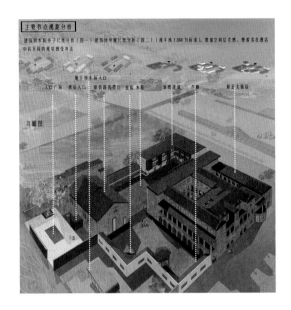

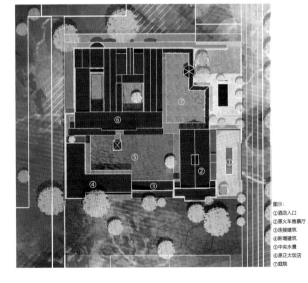

1
2

1 – 鸟瞰图
2 – 总平面图

顾与识
产学合作培养研究生佳作集

Retrospecting and Reunderstanding
Collection of Masterpieces of Industry-university Cooperation
Training Graduate Students

总体尺度分析

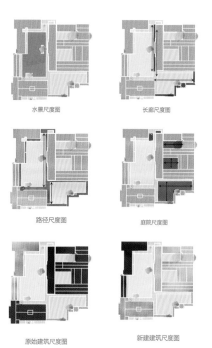

水景尺度图   长廊尺度图

路径尺度图   庭院尺度图

原始建筑尺度图   新建建筑尺度图

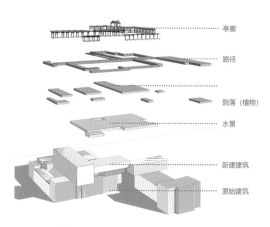

亭廊
路径
院落（植物）
水景
新建建筑
原始建筑

功能名称	占地面积（m²）	占比
原始建筑	3800	1/2
新建建筑	760	1/10
水体	1100	1/7
院落	1000	1/7

功能名称	占地面积（m²）	占比
路径	770	1/7
长廊	350	1/12
总面积	7300	

3 | 4
    | 5

3 – 分析图
4 – 场景效果图 1
5 – 场景效果图 2

顾与识
产学合作培养研究生佳作集

Retrospecting and Reunderstanding
Collection of Masterpieces of Industry-university Cooperation
Training Graduate Students

江南私家园林尺度与民国建筑的融合与再生
——廊亭

中式木质长廊

欧式砖体长廊(室外)

欧式砖体长廊(室内)

长廊总体尺度图

长廊总体尺度表

名称	室外欧式长廊	室内欧式长廊	中式长廊
宽度（m）	3	1.5	2.4
总长度（m）	42	76	153
高度（m）	4.2	4	4
总面积（㎡）	126	114	367

1号长廊

2号长廊

3号亭廊

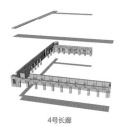

4号长廊

江南私家园林尺度与民国建筑的融合与再生
——庭院的延续性

原始建筑庭院　　　　原始建筑庭院　　　　新增水院　　　　　　　　新增石院
新增功能（苔院）　　新增功能（户外餐厅）

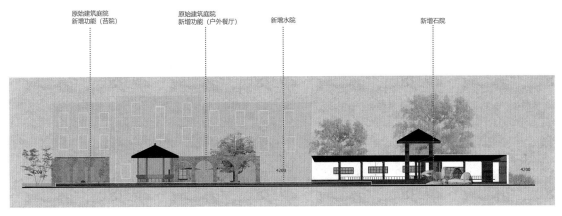

庭院剖面图、立面图　1:1000

6 | 7

6 - 分析图
7 - 剖面图、立面图

顾与识
产学合作培养研究生佳作集

Retrospecting and Reunderstanding
Collection of Masterpieces of Industry-university Cooperation
Training Graduate Students

8	11
9	12
10	

8 – 大堂 1
9 – 大堂 2
10 – 餐厅公关就餐区
11 – 餐厅效果图 1
12 – 餐厅卡座

顾与识
产学合作培养研究生佳作集

Retrospecting and Reunderstanding
Collection of Masterpieces of Industry-university Cooperation
Training Graduate Students

13 | 14
| 15

13 - 餐厅效果图 2
14 - 客房区域效果图 1
15 - 客房区域效果图 2

顾与识
产学合作培养研究生佳作集

Retrospecting and Reunderstanding
Collection of Masterpieces of Industry-university Cooperation
Training Graduate Students

峰陵
——江西省赣州市章贡区沙石镇
运动休闲小镇景观建筑设计

Fengling
——Landscape Architectural Design of Sports and Leisure Town
in Shashi Town, Zhanggong District, Ganzhou City, Jiangxi Province, China

杨海龙（深圳工作站）

学校：天津美术学院
学校导师：彭军
企业名称：深圳市筑奥景观建筑设计有限公司
企业导师：张青

案例说明

丘陵地貌运动休闲特色小镇景观设计研究 案例教学使用说明书

1. 案例教学目标

本案例是由筑奥景观建筑设计总监张青导师选定的实践项目为研究载体的课题。通过对本设计实践案例的系统性了解及针对性讨论，希望学生从以下几个方面得到收获：

（1）二线、三线城市近郊的乡村资源与城市化进程的互补性产业升级，通过挖掘市场需求，发展契合国家经济发展需要的"特色小镇"，从而成为国家新的经济增长点；

（2）在乡村休闲项目中，以点状供地来解决传统整片式供地方式，存在项目占地较大、用地多、容积率低、政府供地紧张以及农转用、占补平衡指标等问题；

（3）通过研究地处丘陵地貌的沙石镇现存问题，借助环境学、生态学以及可持续发展的理论解决乡村发展存续问题；

（4）在保证文化得以延续的基础上去掌握乡村保护、改造、再利用的设计方法和策略。

2. 案例讨论的准备工作（江西省赣州市章贡区沙石镇为例）

（1）通过调研了解沙石镇的历史背景、人文背景以及自然条件；

（2）通过与开发商沟通并结合乡村发展政策进行合理分析，通过点状供地方式获得建设用地（了解赣州市乡村发展政策）；

（3）调研沙石镇地形地貌以及客家特色建筑结构类型（分析不同的地貌可以打造的旅游项目，提取客家地域性建筑元素，打造具有文化氛围的乡镇）；

（4）分析地处城市近郊的沙石镇打造运动休闲小镇的优势以及可行性（解决

顾与识
产学合作培养研究生佳作集

Retrospecting and Reunderstanding
Collection of Masterpieces of Industry-university Cooperation
Training Graduate Students

乡村人口流失问题，促进当地村民就业，适当发展本地特色运动休闲活动）；

（5）研究运动休闲小镇的特性，因地制宜地打造运动休闲主题活动场所。

3. 案例分析要点

本案例翔实描述了江西省赣州市沙石镇的设计实践，有助于学生了解国家扶持乡村发展政策并为乡村发展提供新的思路。

在设计开展之前对当地进行了一个全方位的调研。赣州作为客家文化的摇篮，学生在当地的建筑、景观、人文中挖掘沙石镇丰富的客家元素。并在设计中能够将客家文化与运动休闲理念相结合，设计出符合当地特色又具备可持续发展理念的运动休闲小镇。完成这些，需要学生掌握以下几个要点：

（1）在不破坏生态环境的基础上通过点状供地合理地获得建设用地；

（2）利用项目地自然优势植入运动休闲理念，打造宜居运动休闲小镇；

（3）充分利用好本地资源，通过三产联合、三产联动充分调动区域经济活力，使沙石镇经济得以持续发展；

（4）在设计实施过程中多站在人的视角去考虑功能性，让每一个空间都能满足生态与人文的呼应。

4. 教学组织方式

（1）理论到实践

学生以往作品往往天马行空，具备很多独特的想象力，但也缺乏实践落地的经验。此次通过进入工作站可以从企业学习到项目的实施，

张青老师课堂交流

师生合影

设计想法不仅要出彩，更重要的是从纸上到落成的过程。学生在企业中可以更加系统地学习实践项目，参与一些落成项目，从而有助于自己的作品更加禁得起推敲。

（2）导师授业解惑

在工作站参与国内一线设计师的导师讲堂，从导师们的课堂中受益，多维度地了解优秀设计师的设计思路并学习他们处理问题的方式。学生可以从各位导师设计的项目中了解每一件作品背后的故事，了解如何将文化与建筑相融合，如何将建筑与环境相融合。学生在导师课堂中了解到一件优秀的作品从灵感到落地所要面临的种种难题。

（3）项目考察

学生在确定自己课题之后对项目地进行为期7天的考察，通过考察可以充分了解开发商以及当地居民的诉求，考察期间希望能够获取当地的文化、风俗习惯、建筑风格以及自然优势，做好材料的搜集与整理，根据这些提出运动休闲的设计理念。

（4）与导师沟通交流

阶段性地向导师汇报自己的研究进度，并向导师提出相关问题，导师根据相关问题给以合理的解答并根据学生的思维方式进行纠正和引导。

设计汇报

（5）相关案例引入

寻找相关案例，从理论分析到设计分析对案例进行深入的解读。重点对案例的"研究方法""设计理念""设计动机""设计方法""设计作用"等方面的思考和创新能力进行指导。让学生对沙石镇植入运动休闲理念有进一步的了解，引导学生在设计过程中让文化元素以及建筑风格融入运动休闲的主题。

（6）定期汇报审查

工作站定期组织各个企业导师以及学校导师进行会审，了解每个

顾与识
产学合作培养研究生佳作集

Retrospecting and Reunderstanding
Collection of Masterpieces of Industry-university Cooperation
Training Graduate Students

学生各阶段的进展以及面临的问题并给出指导性的建议，让学生们的案例更加完善。学生通过汇报了解各位同学的进展，同时也通过汇报可以学习各位同学的优点，从而能够获得解决问题的新思路。在汇报期间学生做好阶段性的研究计划，企业导师以及校内导师给出建议。通过企业、学校、学生三方围绕课题进行研究，能够让学生更加深刻地了解项目，加深研究课题理论与实践的理解。

5. 案例研究意义

本案例通过研究国内外的运动休闲景区的创新项目和发展业态，结合自然生态、户外运动以及乡村农业旅游等复合体验，提升运动休闲小镇旅游产品的层次性，促进运动休闲小镇迸发出更强的生命力。目前，我国对于丘陵地貌的运动休闲特色小镇研究甚少，通过对丘陵地貌的沙石镇进行分析与设计，并给出发展策略，为沙石镇政府提供决策建议，对江西省其他地区丘陵地貌小镇建设提供借鉴与指导。在此过程中，有利于学生树立正确的设计思路，在设计过程中引导学生结合现状，充分站在当地发展的视角上去考虑，结合所在设计单位的实践经验使自己的设计构想得以实现。

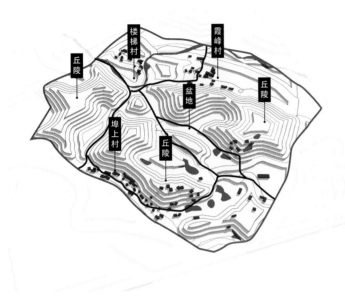

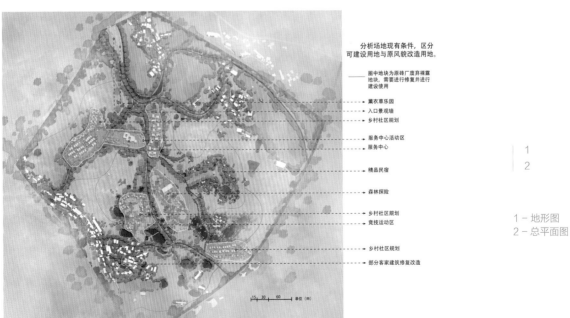

分析场地现有条件，区分
可建设用地与原风貌改造用地。

—— 图中地块为原砖厂废弃裸露
地块，需要进行修复并进行
建设使用

→ 薰衣草乐园
→ 入口景观墙
→ 乡村社区规划

→ 服务中心活动区
→ 服务中心

→ 精品民宿

→ 森林探险

→ 乡村社区规划
→ 竞技运动区

→ 乡村社区规划

→ 部分客家建筑修复改造

15 30   60   单位（m）

1
2

1 - 地形图
2 - 总平面图

顾与识
产学合作培养研究生佳作集

Retrospecting and Reunderstanding
Collection of Masterpieces of Industry-university Cooperation
Training Graduate Students

丛林探险立面图

竞技赛区立面图

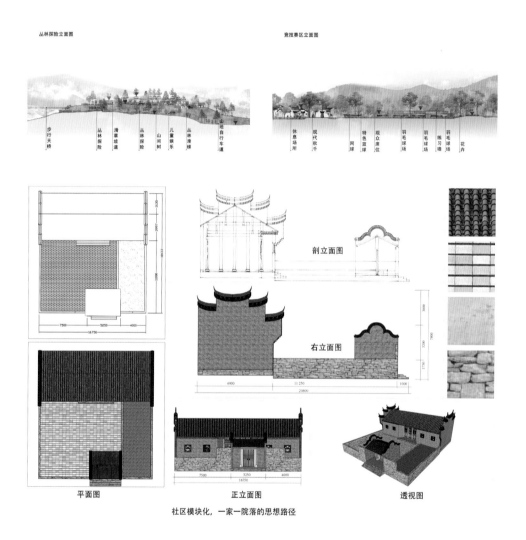

步行天桥　丛林探险　滑草坡道　丛林探险　儿童娱乐　山间树　丛林滑梯　山地自行车道

休息场所　现代秋千　特色篮球　观众席位　网球　羽毛球场　羽毛球场　羽毛球场练习墙　花卉

剖立面图

右立面图

平面图

正立面图

透视图

社区模块化，一家一院落的思想路径

3 - 丛林探险立面图　　　　4 - 竞技赛区立面图
5 - 建筑分析图　　　　　　6 - 小镇入口景观
7 - 公共卫生间景观　　　　8 - 村口景观
9 - 休闲活动区

顾与识
产学合作培养研究生佳作集

Retrospecting and Reunderstanding
Collection of Masterpieces of Industry-university Cooperation
Training Graduate Students

13
14
15

13 – 骑行赛道
14 – 休闲农业区景观
15 – 运动竞技区

顾与识
产学合作培养研究生佳作集

Retrospecting and Reunderstanding
Collection of Masterpieces of Industry-university Cooperation
Training Graduate Students

城市·行走
——深圳超级总部基地
中央绿轴慢行系统景观设计

City-Walking
—— Landscape Design for the Central Green Axis
of the Super Headquarter Base, Shenzhen

解颜琳（深圳工作站）

学校：西安美术学院
学校导师：周维娜
企业名称：深圳市城市交通规划设计研究中心
企业导师：程智鹏

城市·行走——深圳超级总部基地中央绿轴慢行系统景观设计 / 解颜琳
City · Walking — Landscape Design for the Central Green Axis
of the Super Headquarter Base, Shenzhen / Xie Yanlin

案例说明

城市枢纽慢行系统景观设计研究 案例教学使用说明书

1. 案例教学目标

本案例参加了四川美术学院·深圳市梓人环境设计有限公司研究生联合培养工作站，导师选定的以实际项目为研究载体的课题。通过对设计理论研究与设计实践案例的系统性了解及全面性讨论，希望从以下几个方面得到收获：

（1）明确项目设计的背景、研究意义，以此来回应当代人群生活、工作的健康出行方式；

（2）研究同类设计的相关优劣势，分析其在设计实践中哪些因素会影响设计结果；

（3）掌握慢行系统景观设计在实践中创新的设计方法和分析手法。

2. 案例讨论的准备工作（以深圳超级总部基地中央绿轴慢行系统为例）

（1）梳理深圳超级总部基地的历史背景与发展经历，通过慢行系统发展的普遍现象和规律，寻找设计创新点；

（2）调研深圳市超级总部基地以及相关慢行系统的现状并加以分析；

（3）对研究对象进行基础测绘、分析相关案例的基础类型及结构特征，根据项目实际特性植入设计理念，形成设计概念；

（4）系统研究慢行系统对人们日常通勤、生活、空间环境之间的关系。

3. 案例分析要点

本案例为应对城市规模的扩大、城市活动节奏的加快，城市的邻里空间、公共空间受到快速交通的侵蚀、干扰甚至破坏，城市族群分离、城市生活品质下降的趋

顾与识
产学合作培养研究生佳作集

Retrospecting and Reunderstanding
Collection of Masterpieces of Industry-university Cooperation
Training Graduate Students

势逐渐凸显等问题。本次设计从深圳超级总部基地城市枢纽空间景观环境出发，分析总结当前国内外发展模式和趋势。在此基础上选定深圳超级总部基地进行走访调研，总结其基本空间结构和社会结构现状与特征，探讨慢行系统与多维复合城市空间功能的关系，提出城市枢纽公共空间慢行景观系统四个层面，从城市关系角度梳理道路层级、景观互动的可能性、自然生态的城市景观系统、人群生活方式的设想进行设计，其中涵盖了城市空间格局的发展，城市交通的发展、人的发展，生态构建，文化传承等多个维度，最后将这一套体系运用到深圳超级总部二层连廊景观实践中以证明其可行性，为城市枢纽慢行系统空间设计提供一个新思路。最终实现城市枢纽慢行空间的系统性、连贯性；优化慢行环境；增强城市生态景观活力；提升人的幸福感并创造未来城市意象和发展模式。

在前期调研考察中发现，行人的慢行困境，主要源自城市环境的五方面特征。在行人方面，商务人士中大多心理压力较大，处于亚健康状态，并且人群之间的交际较少；在交通方面，城市以车行导向为主，机动车出行占据了城市交通空间的90%；在城市更新发展方面，存在大量待拆迁建筑与废弃地，场地中慢行尺度过大而导致场地失去人的尺度；在文化方面，这里是承接粤港澳大湾区发展需求的门户枢纽、科技创新、国际交往、现代服务、休闲旅游等综合性功能的城市枢纽空间，要求多样的文化交织出独特的城市环境；在公共服务方面，应对未来人口密集、公共服务资源有限、分布失衡等问题。

4. 教学组织形式

（1）进入企业转换角色

以企业为学堂，以设计师为身份，按照岗位要求严格规范工作行为和完成研习目标，了解企业对人才的需求，认识专业、理解职业，提升学生的综合能力。

（2）课时安排

此案例教学安排24课时，共四天：其中，第一天为理论案例与设计案例引入

城市·行走——深圳超级总部基地中央绿轴慢行系统景观设计 / 解颜琳
City · Walking — Landscape Design for the Central Green Axis
of the Super Headquarter Base, Shenzhen / Xie Yanlin

讲授、开放式讨论、学生分组及任务安排（6课时）；第二天为实践考察，实地调研设计并收集和归纳可用资料（6课时）；第三天为各小组参与企业相关设计工作，了解设计流程，并根据前期调研资料及场地空间分析与课题组讨论提出设计构思（6课时）；第四天为小组分析汇报、课堂小结——学生根据设计构思完成设计稿、最终方案汇报（4课时）和导师针对性总结（2课时）。

（3）课堂教学，案例导入

本案例教学拟利用PPT形式，进行40分钟的理论分析与设计分析结合的方式讲解，在学生对现状设计条件和基本理论知识有所认识的基础上，重点对案例的"研究方法""设计层次""设计方法""设计价值"等方面的思考和创新能力进行重点讲解。本次研究以深圳超级总部基地慢行系统项目为例，导师给予了多方面的启发和其他相关案例的观摩，并从设计系统性分析、慢行交通方式和景观空间方面进行设计应用。

师生课题讨论

（4）织多导师、多项目进行案例分享与调研（讲堂）

以项目案例研究为授课主导，工作站每周组织企业导师开展导师讲堂，将自己设计的典型案例作分享，多视野和多角度地影响研究生对案例研究的研习思考。同时导师带领课题组，选择多个具有代表性的城市慢行系统项目作为案例调研对象，获取更多的知识和方法，学会从社会现象、历史背景和人群产生生活行为、项目产生的社会作用等方面入手，进行数据分析。

（5）研究方法课程讨论与总结

案例讲解后，让学生以小组为单位，对各小组的分析和研究情况进行汇报和交流，并同时展开师生间的开放式讨论。针对各小组讨论提出的关键问题，逐一点评，并给以下一步思考的建议。随后，引导学生将问题的思考导向下一步方案设计实践。

顾与识
产学合作培养研究生佳作集

Retrospecting and Reunderstanding
Collection of Masterpieces of Industry-university Cooperation
Training Graduate Students

设计汇报

（6）定期会审检查

工作站在每期的 10 月中旬和 12 月中旬组织参与院校导师和企业导师一起到工作站，针对每位研究生的课题案例教学情况进行检查。要求研究生们根据自己的学习进度和阶段性成果做前期汇报，并由企业导师和学校导师作教学情况介绍，参会人员根据每位学生的案例研究成果逐一审议点评，并给以下一阶段的学习建议。通过研习的模式，将设计企业、学校、研究生三方围绕项目案例展开创新性教学探索，并引导校企导师从不同角度换位思考人才培养的目的、过程和方法，从不同的关注点提点学生在理论、学术、设计方法、项目目标、经济目的等方面加以重视，促使学生对设计理论研究与实践有更深入的认识和理解。

5. 案例研究意义

本案例从城市枢纽空间景观环境研究出发，分析总结当前国内外发展模式和趋势。以深圳超级总部基地为例走访调研，总结其基本空间结构、社会结构现状与特征，探讨慢行系统与多维复合城市空间功能的关系。从城市关系、景观互动、自然生态、生活方式四个设计层面，探索深圳超级总部中央绿轴景观设计在实践中的可行性，为城市枢纽慢行系统空间设计提供一个新思路。

城市·行走——深圳超级总部基地中央绿轴慢行系统景观设计 / 解颜琳
City · Walking — Landscape Design for the Central Green Axis
of the Super Headquarter Base, Shenzhen / Xie Yanlin

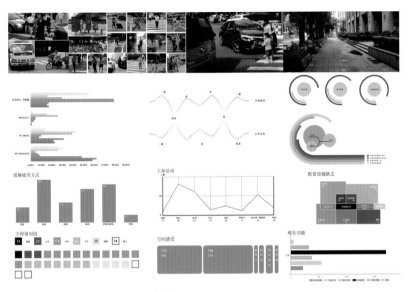

1- 现场分析图 / 实践调研及数据收集

顾与识
产学合作培养研究生佳作集

Retrospecting and Reunderstanding
Collection of Masterpieces of Industry-university Cooperation
Training Graduate Students

中央绿轴地上、地下、地面慢行系统

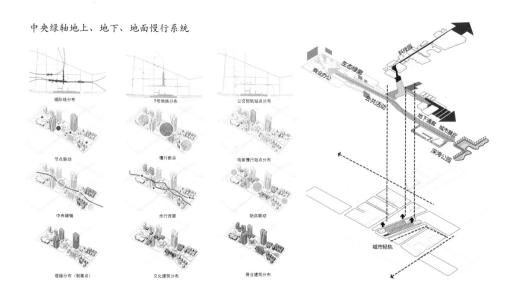

体验路径

可停留性空间

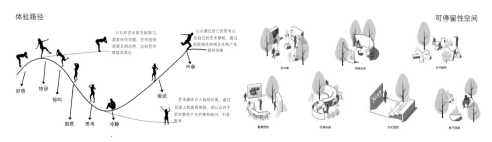

场地使用人群分析

针对不同人群的使用需求

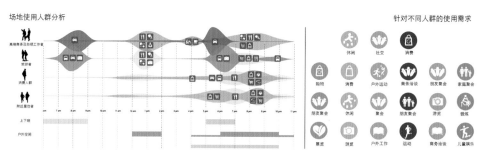

城市·行走——深圳超级总部基地中央绿轴慢行系统景观设计 / 解颜琳
City · Walking — Landscape Design for the Central Green Axis
of the Super Headquarter Base, Shenzhen / Xie Yanlin

顾与识
产学合作培养研究生佳作集

Retrospecting and Reunderstanding
Collection of Masterpieces of Industry-university Cooperation
Training Graduate Students

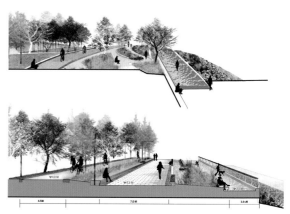

6	8	10
7	9	

6 - 儿童活动空间　　7 - 共享运动空间
8 - 慢行步道　　　　9 - 慢行剖、立面图
10 - 生态景观

城市·行走——深圳超级总部基地中央绿轴慢行系统景观设计 / 解颜琳
City · Walking — Landscape Design for the Central Green Axis
of the Super Headquarter Base, Shenzhen / Xie Yanlin

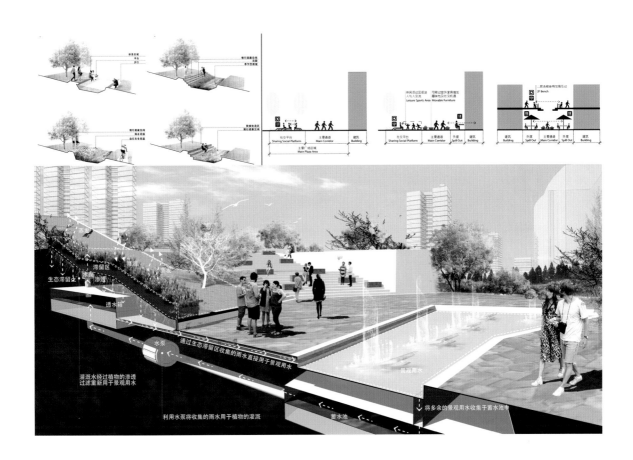

顾与识
产学合作培养研究生佳作集

Retrospecting and Reunderstanding
Collection of Masterpieces of Industry-university Cooperation
Training Graduate Students

大梦行
——两栖生活方式下的居住空间设计探索

Big Dream Walk
—— Exploration of Living Space Design under Amphibious Lifestyle

李梦诗（深圳工作站）

学校：四川大学
学校导师：周炯焱
企业名称：D&H 顶贺环境设计（深圳）有限公司
企业导师：何潇宁

案例说明

理论研究：两栖生活方式下的居住空间设计探索 ——以大理·大梦行居为例

设计实践：两栖生活方式下的居住空间设计 案例教学使用说明书

1. 案例教学目标

通过对本设计理论研究与设计实践案例的系统性了解及全面性讨论，希望从以下几个方面得到收获：

（1）明确两栖生活方式下居住空间的概念，了解两栖生活方式产生的背景、两栖人群对居住空间的本质需求；

（2）明确两栖生活方式下的居住空间设计对乡村的影响与意义，研究两栖生活方式下居住空间的适应性和延续性；

（3）掌握两栖生活方式下居住空间的设计原则、策略与方法。

2. 案例讨论的准备工作

（1）了解大理市其他两栖生活方式下的居住空间现实情况，分析两栖生活方式对居所的影响、居所与所在环境的融合方式，梳理空间共性与差异；

（2）了解凤阳邑古村人文历史、现有风貌，后期设计需融合所在环境；

（3）了解业主职业、家庭组成、迁居原因、与村民的交往情况，总结业主对空间创造性的使用方式；

（4）梳理大梦行居空间使用现状，包括功能分区、动线组织、构成关系，结合第三点寻找居住需求与现有空间的矛盾点与契合点。

3. 案例分析要点

本案例翔实描述了对大理·大梦行居的设计实践。在设计初期，通过对大理当

顾与识
产学合作培养研究生佳作集

Retrospecting and Reunderstanding
Collection of Masterpieces of Industry-university Cooperation
Training Graduate Students

地其他两栖居所的了解，有助于总结出该类型空间的特征及其产生的原因；通过对大梦行居及其周边环境的了解，有利于对两栖者居住行为、居住心理的理解，进而找到具体案例的设计要点。

在对理论研究案例的教学过程中，学生需要掌握的几点要求是：

（1）在了解大理市其他两栖生活方式下的居住空间现实情况的过程中，学会分析、总结空间特征的方法；

（2）明确适度设计的原则，该类型居住空间的设计需平衡两栖者与乡村的关系，以此提升空间的适应性和延续性；

（3）从不同的角度加深学生对两栖生活方式下居住空间设计的理解。在对设计案例学习的基础上，可引导学生就以下几个方面的问题进行思考：

①以住居学为基础，考虑两栖生活方式下居住空间如何扩展生活和文化功能；

②在建筑构成学的视角下，了解居住空间配列、层级类型，分析两栖生活方式下居住空间如何优化空间配列和丰富空间层级；

③从情感化设计出发，思考两栖生活方式下居住空间如何提升行为层次、反思层次设计；

④在本案例设计方案中，除功能、空间构成、情感以外，还能从哪些角度进行设计？

4. 教学组织形式

（1）课时安排

此案例教学安排共四天。其中，第一天为理论案例与设计案例引入讲授、开放式讨论、学生分组及任务安排；第二天为外出考察，实地调研两栖生活方式下的居住空间并收集可用资料；第三天为学生根据调研资料完成设计实践；第四天为小组分析汇报、课堂小结。

（2）课前准备

在案例讲解课程前，可将学生进行分组，让学生对案例的相关背景知识情况进行不同角度的了解和分析。

（3）案例导入

本案例教学拟利用 PPT 形式，进行 40 分钟的理论分析与设计分析结合的方式讲解，在学生对现状设计条件和基本理论知识有所认识的基础上，重点对案例的"设计原则""设计策略"进行重点讲解。

（4）研究方法

案例讲解后，让学生以小组为单位，对各小组的分析和研究情况进行汇报和交流，并同时展开师生间的开放式讨论。

（5）课程讨论与总结

案例讲解后，针对各小组讨论提出的关键问题，逐一点评，并给以下一步思考的建议。随后，引导学生将问题的思考导向下一步方案设计实践。

5. 案例研究意义

（1）理论意义：从设计社会学角度切入，在两栖生活方式下的居住空间设计过程中，需考虑平衡两栖者与乡村居住空间的"人—地"关系，平衡两栖者与当地居民的"人—人"关系，确立适度设计的原则。以住居学、建筑构成学、情感化设计为理论基础，从空间的功能、构成、情感等层级提出两栖生活方式下的居住空间设计策略、设计要素，以期对今后同类型的空间设计提供一定的启发。

（2）学术意义：以两栖生活方式作为分异标准，在一定程度上突破了经济社会属性、年龄圈层及地域，以普适性为基础，将群体自身内在的复杂性置于首要地位，并通过分析两栖群体及其生活方式对居住空间的影响，总结设计原则与策略，指导两栖生活方式下的居住空间设计探索。虽然我国历史上也出现过类似的择居观念，但在当今的社会背景下，两栖现象大量涌现后，尚未有明确的相关居住空间设计理论研究。

顾与识
产学合作培养研究生佳作集

Retrospecting and Reunderstanding
Collection of Masterpieces of Industry-university Cooperation
Training Graduate Students

1 2 | 5
3 4 |

1 - 前院厨房与餐厅
2 - 堂屋效果图
3 - 二层共享客厅效果图
4 - 三层从起居室看向书房
5 - 主卧效果图

顾与识
产学合作培养研究生佳作集

Retrospecting and Reunderstanding
Collection of Masterpieces of Industry-university Cooperation
Training Graduate Students

顾与识
产学合作培养研究生佳作集

Retrospecting and Reunderstanding
Collection of Masterpieces of Industry-university Cooperation
Training Graduate Students

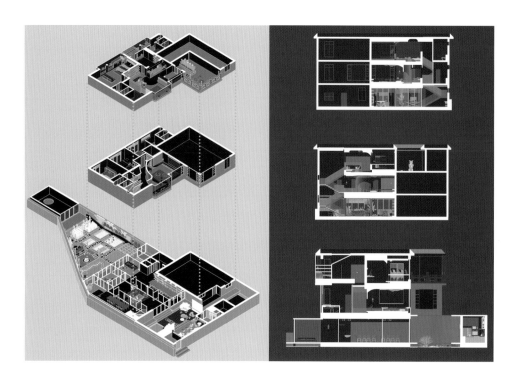

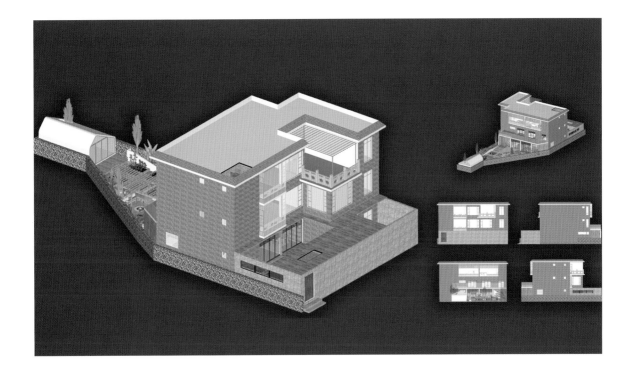

10 | 12
11 |

10 - 剖面图
11 - 模型照片
12 - 大梦行整体风貌

顾与识
产学合作培养研究生佳作集

Retrospecting and Reunderstanding
Collection of Masterpieces of Industry-university Cooperation
Training Graduate Students

匿城
——华润集团北京石景山古城项目
销售中心空间设计方案

Hidden City
—— Spatial Design of Sales Centre for Ancient City Project of
Shijingshan, Beijing of China Resources (Holdings) Company

欧靖雯〔深圳工作站〕

学校：四川美术学院
学校导师：赵宇
企业名称：深圳市梓人环境设计有限公司
企业导师：颜政

案例说明

建造技术变化下的空间呈现方式研究 案例教学使用说明书

1. 案例教学目标

本案例参加了四川美术学院·深圳市梓人环境设计有限公司研究生联合培养工作站，利用设计企业的实际设计项目为研究载体的实践教学课题。通过对设计实践案例的系统性了解和针对性讨论，帮助学生在以下几个方面得到收获：

（1）明确建造技术的具体概念、技术变化与空间的关联；

（2）了解设计师可以通过技术来表达不同的空间呈现，技术引领着设计新风貌；

（3）掌握销售空间的相关设计要素、技术融入和空间呈现。

2. 案例讨论的准备工作（北京石景山古城项目销售中心为例）

（1）了解目前技术主导的空间形态；

（2）现场实地考察销售中心的场地现状、周边现状（首钢工业厂背景）；

（3）走访石景山区，分析销售中心未来使用人群；

（4）根据项目特性，以技术为前提融入设计思考，形成设计定位；

（5）系统研究技术变化带来的不同空间呈现对当下日常生活、工作的影响。

3. 案例分析要点

本案例翔实描述了对北京石景山销售中心融入技术的空间设计实践，有助于学生从方案设计的角度对技术与空间有全面的认知和了解。

在设计初期，首先，对北京石景山区和附近首钢工业园区等周边环境进行初步了解，分析场地在设计中的特殊性，分析周边使用人群；其次，对销售中心的功能分区进行初步了解，提出怎样的空间形态适合石景山的功能使用；最后，提出对销

顾与识
产学合作培养研究生佳作集

Retrospecting and Reunderstanding
Collection of Masterpieces of Industry-university Cooperation
Training Graduate Students

售中心的空间设计策略。在对设计案例学习的基础上，引导学生就以下方面的问题进行思考：

（1）如何将技术引入空间设计；

（2）如何通过技术在空间中的结合从而满足设计的人性化；

（3）如何满足销售中心的功能需求，销售中心的空间设计有哪些需要注意的？

（4）在本策划设计方案中，设计分别面临哪些难点？是否有更好的设计方式？

4. 教学组织形式

（1）课时安排

本案例教学安排共四天。首先，第一天以相关代表案例为重点，集中讲授之后让学生们讨论、分组学习及布置考察任务。第二天为外出考察，列出有代表性的空间案例，实地调研收集资料。第三天让学生根据前一天实地考察资料和思考完成设计实践。第四天为小组分析汇报，课堂小结。

（2）课前准备

线上与导师交流

在案例讲解前，先让学生对相关项目进行现场了解，根据学生对项目的关注点和研究意愿进行分组，让学生对案例的相关背景知识情况进行不同角度的了解和分析。重点了解如下内容：技术在各个时期的发展、技术转变呈现的空间形态、材料与空间呈现的关系、如何系统了解不同技术与不同空间的联系。

（3）案例导入

本案例教学拟利用 PPT 形式，进行 40 分钟的理论分析与设计分析结合的方式讲解，在学生对现状设计条件和基本理论知识有所认识的基础上，重点对案例的"研究方法""设计层次""设计方法""设计价值"等方面的思考和创新能力进行重点讲解。空间呈现的形态在材料运用和新技术采用上有了更多的认识，这些知识在学校的教学中少有涉及，只能在实际案例中获取。因此，希望学生能够在听过案例讲解之后，现场调研。

（4）研究方法

案例讲解后，让学生自由组合，以小组为单位，分别探讨代表性的技术呈现空间案例，之后实地走访调研以空间形态为特点的建筑设计或者室内空间，总结归纳文献资料和考察报告，形成一定的观点及看法，完成 PPT 汇报。对各小组的分析和研究情况进行汇报和交流，并同时展开师生间的开放式讨论。

设计汇报

（5）课程讨论与总结

案例讲解后，针对每位学生的课题案例教学情况进行检查。要求学生们根据自己的学习进度和阶段性成果做前期汇报，并由企业导师和校内导师做教学情况介绍，参会人员根据每位学生对技术与空间呈现的案例研究成果逐一审议点评，并给予下一阶段的学习建议。从不同的关注点提点学生对案例进行更深层次的思考，促使学生对设计理论研究与实践有更深入的认识和理解。随后，引导学生将问题的思考导向下一步方案设计实践。

（6）其他

此案例教学过程中以 PPT 幻灯片案例介绍、导师讲解、现场分析、汇审指导为主要教学形式，教学材料多为资料图纸、客户访谈、现状调研、测绘、物料与技术了解等为主。

5. 案例研究意义

从技术与空间的视角与研究方法出发，梳理各个时期的技术变化下的空间呈现的演变过程，结合所在深圳工作站公司具体参与的设计项目为研究对象，了解技术是如何在目前的设计项目中运用、设计项目如何推进、技术如何解决设计难题等。引导学生明白技术在空间呈现的重要性，

顾与识
产学合作培养研究生佳作集

Retrospecting and Reunderstanding
Collection of Masterpieces of Industry-university Cooperation
Training Graduate Students

以及技术与空间的相互推演始于对人性的关怀。

　　希望通过本次案例的分析，将设计企业、学校、研究生三方围绕项目案例展开创新性教学探索，并引导校企导师从不同角度换位思考人才培养的目的、过程和方法，从不同的关注点提点学生在理论、学术、设计方法、项目目标、经济目的等方面加以重视，促使学生对设计理论研究与实践有更深入的认识和理解。

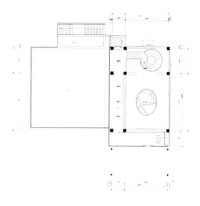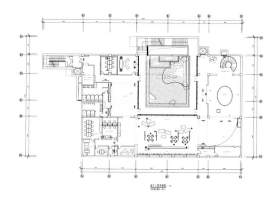

			3
1	2		4

1 – 华润销售中心一层平面图 / 现场位于石景山区
2 – 华润销售中心地下一层平面图 / 现场位于石景山区
3 – 历史脉络分析图 / 首钢与石景山关系
4 – 项目区位图 / 位于石景山区

匿城——华润集团北京石景山古城项目销售中心空间设计方案 / 欧靖雯

Hidden City — Spatial Design of Sales Centre for Ancient City Project of Shijingshan,
Beijing of China Resources (Holdings) Company/ Ou Jingwen

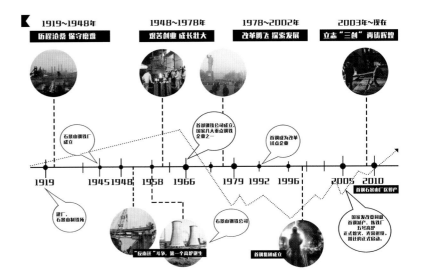

顾与识
产学合作培养研究生佳作集

Retrospecting and Reunderstanding
Collection of Masterpieces of Industry-university Cooperation
Training Graduate Students

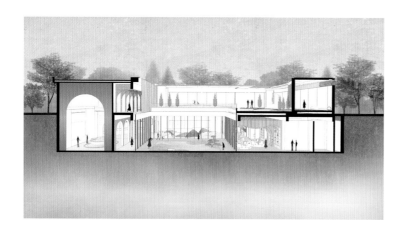

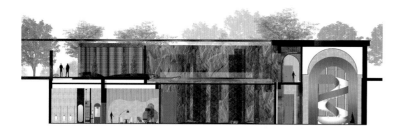

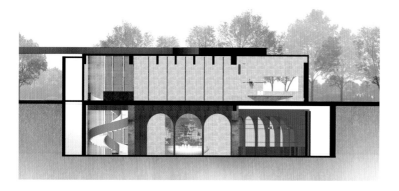

5	8
6	9
7	10

5 - 销售中心剖透视图
6 - 销售中心剖面图
7 - 沙盘区剖面图
8 - 石景山销售中心总平图
9 - 销售中心入口效果图
10 - 沙盘区效果图

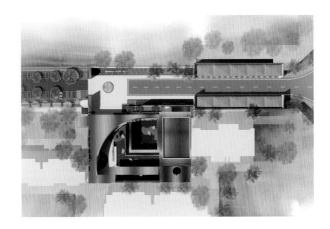

顾与识
产学合作培养研究生佳作集

Retrospecting and Reunderstanding
Collection of Masterpieces of Industry-university Cooperation
Training Graduate Students

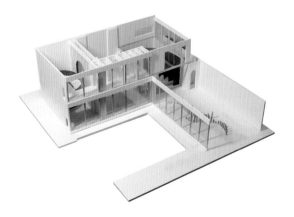

顾与识
产学合作培养研究生佳作集

Retrospecting and Reunderstanding
Collection of Masterpieces of Industry-university Cooperation
Training Graduate Students

云南普者黑英迪格酒店设计

Design of Indigo Hotel Puzhehei, Yunnan

王梓宇（深圳工作站）

学校：四川美术学院
学校导师：潘召南
企业名称：YANG 设计集团
企业导师：杨邦胜

案例说明

彼・此——风土在时尚酒店设计中的转译 案例教学使用说明书

1. 案例教学目标

本案例参加了四川美术学院・深圳研究生联合培养工作站，导师选定的实际项目为研究载体的课题。通过对本设计实践案例的系统性了解及针对性讨论，希望学生从以下几个方面得到收获：

（1）了解风土文化在酒店设计中与时尚理论的结合方式；

（2）学习风土在时尚酒店中的转译方式，深入地域文化，并结合现代性设计理论，探索地域文化在现代性设计语言中的转化方式；

（3）从材料、色彩、陈设、空间布局等方面掌握具体的酒店设计策略与方法。

2. 案例讨论的准备工作（以云南省普者黑英迪格酒店为例）

（1）考察云南普者黑英迪格酒店项目现状，对酒店进行测绘；

（2）测绘并调查普者黑民居建筑材料、院落布局、空间结构；

（3）调研普者黑地区的地域文化、气候特征、地形特征等；

（4）分析当地特质民居建筑形成的成因，当地风土对建筑发展的影响因素，以及风土和特质民居建筑的关系；

（5）通过对普者黑的风土观察，深入研究风土在时尚酒店设计中的转化和应用。

3. 案例分析要点

本案例通过云南普者黑英迪格酒店设计，对风土在酒店设计中的转译方式进行了深入的研究。对于学生如何将地域文化通过现代设计手段，将其表达在室内设计中具有较高的学习价值。

顾与识
产学合作培养研究生佳作集

Retrospecting and Reunderstanding
Collection of Masterpieces of Industry-university Cooperation
Training Graduate Students

　　首先，通过对云南普者黑英迪格酒店项目现状的了解，并对酒店进行测绘，分析酒店的空间格局和功能要求；其次，对普者黑的自然风土进行观察，并调研普者黑的特质民居，分析当地特质民居建筑的成因；最后，通过现代设计的理念结合普者黑的风土文化，形成风土在时尚酒店设计中的转化方式。在设计案例的学习中，学生需要思考以下方面的问题：

　　（1）对于地域文化的认知和了解应从哪些方面展开；

　　（2）对于地域文化在酒店设计中运用应该如何表达；

　　（3）酒店设计在固有的功能要求下，如何使游客获得更好的风土文化体验；

　　（4）风土与时尚的关系，以及两者的转化方式。

现场调研

4. 教学组织形式：四堂研习

　　（1）课时安排

　　该案例教学安排 26 课时：其中，实地考察 2 天（项目现状考察和地域风土考察各 1 天），案例导入授课 4 课时，场地空间分析与课题组讨论 4 课时，导师作针对性课堂总结 2 课时。

　　（2）形成课题组教学

　　让学生对项目进行了解，将学生分组，从不同的角度对自然风土进行观察和调研。

　　（3）案例导入

　　本案例教学采用 PPT 形式，对案例研究理论和设计实践进行 40 分钟以内的讲解，重点对案例的"设计方法""研究目的""研究价值""设计理念"等方面的探索和创新能力进行讲解。

　　（4）研究方法

　　让学生以小组为单位，通过案例讲解和现场调研自主讨论，形成

设计汇报

具体的设计方案。在方案设计的过程中需要进行阶段性汇报，并对其进行点评，提出问题。

（5）课程总结

各小组在阶段性学习的最后以 PPT 形式，对设计方案和思考过程进行阐述，针对各小组的关键问题，逐一点评，提出建议，引导学生在设计实践中的形成思维方式。

师生合影

5. 案例研究意义

从酒店设计的角度出发，引导学生学习酒店设计的设计流程和设计标准，对地域风土文化在时尚酒店设计中的转化方式展开研究。通过对风土在时尚酒店设计中的转译方式研究，形成满足当代社会精神与物质消费的新设计理念。思考酒店设计行业存在的问题，以及民族文化在设计行业中的价值，提高学生在设计中的创新能力和思考能力。

顾与识
产学合作培养研究生佳作集

Retrospecting and Reunderstanding
Collection of Masterpieces of Industry-university Cooperation
Training Graduate Students

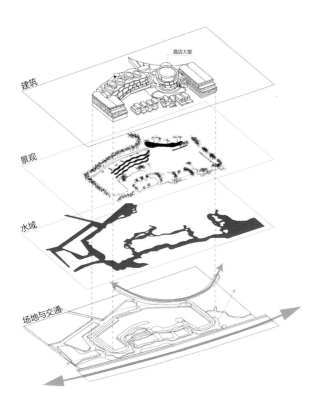

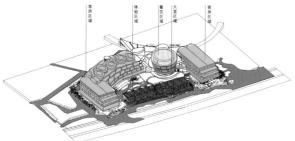

1 | 3
2 | 4

1 - 酒店建筑轴测图
2 - 建筑功能分区
3 - 大堂平面图
4 - 大堂立面图

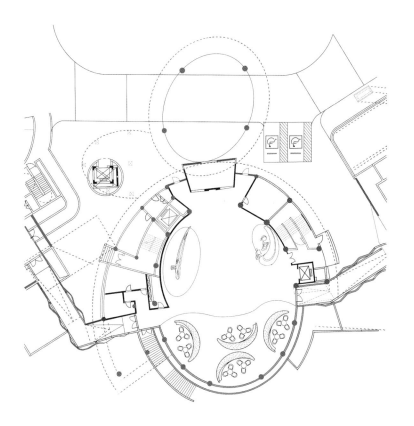

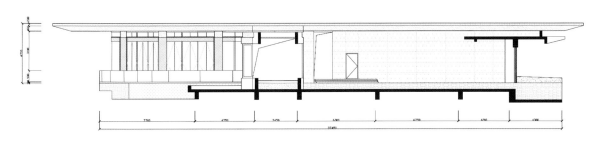

大堂立面图1:50

顾与识
产学合作培养研究生佳作集

Retrospecting and Reunderstanding
Collection of Masterpieces of Industry-university Cooperation
Training Graduate Students

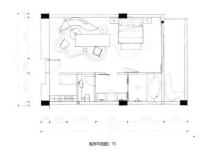

客房平面图1:70

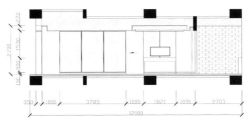

客房立面图1:40

| 5 | 7 | 9 |
| 6 | 8 | |

5 — 大堂效果图
6 — 大堂吧
7 — 客房平面图
8 — 客房手绘草图
9 — 客房立面图

顾与识
产学合作培养研究生佳作集

Retrospecting and Reunderstanding
Collection of Masterpieces of Industry-university Cooperation
Training Graduate Students

10
11 | 12

10 - 客房效果图 1
11 - 客房效果图 2
12 - 雨棚效果图

顾与识
产学合作培养研究生佳作集

Retrospecting and Reunderstanding
Collection of Masterpieces of Industry-university Cooperation
Training Graduate Students

潋滟 · 创新
——茅台企业文化展厅

Bridging · Innovation
—— Maotai Corporate Culture Exhibition Hall

王艺涵（深圳工作站）

学校：四川美术学院
学校导师：龙国跃
企业名称：深圳广田装饰集团设计院
企业导师：严肃

案例说明

传统企业文化在商业展示空间中的现代演绎 案例教学使用说明书

1. 案例教学目标

本案例参加了四川美术学院・深圳市梓人环境设计有限公司研究生联合培养工作站，导师选定的实际项目为研究载体的课题。通过对本设计实践案例的系统性了解及针对性讨论，希望学生从以下几个方面得到收获：

（1）在传统的企业常态下，如何理解、认知、体会与传统白酒行业品牌产生共鸣，对传统品牌的诉求有深入的了解；

（2）在日新月异科技发展的大背景下，科技和文化用什么手段去理解和体现企业的文化诉求和企业品牌价值；

（3）掌握当代展示设计的创新设计理念和方法。

2. 案例讨论的准备工作（以茅台企业展厅设计为例）

（1）梳理茅台企业的历史背景、企业文化与发展经历等，通过相关的传统企业案例进行分析，寻找行业展示发展的普遍现象和规律；

（2）深入了解茅台企业的企业品牌产品特点；

（3）了解当下茅台企业的展示空间设计的现状；

（4）对当下的展示设计相关的科技产品进行了解。

3. 案例分析要点

本案例翔实描述了贵阳市茅台企业文化展厅的设计实践，提供相应的企业诉求和前期策划理念，有助于学生从方案设计的角度对展示空间创新设计进行全面的了解。

在设计初期，通过相关资料对茅台企业的文化背景进行了解，分析传统企业文

顾与识
产学合作培养研究生佳作集

Retrospecting and Reunderstanding
Collection of Masterpieces of Industry-university Cooperation
Training Graduate Students

茅台镇调研 1

化在当代进行设计展示的意义及其发展前景、传统企业的诉求；了解当下展示设计的科技手法，从多种案例中学习将传统文化与科技手法相结合的方式；根据时代背景下商业展示空间的问题提出设计策略和方法。在对设计案例学习的基础上，引导学生就以下方面的问题进行思考：

（1）茅台的企业文化特点是什么？茅台集团的企业诉求是什么？

（2）传统和现代相结合的切入点是什么？

（3）了解目前市场消费趋势，茅台企业文化表达的同时怎样达到商业营销的价值？

（4）如何将艺术形式融入传统企业展示空间？

茅台镇调研 2

4. 教学组织形式

（1）课前准备：理论与实践的过渡

学生进入公司的上班状态中，实现学校到社会的转换阶段，以公司氛围为班级氛围，学生身份转换为设计师，在对应岗位中学习职业规范和技能，随后完成课题研究目标。理论与实践对接，同时了解社会的需求、专业方向、职业发展，提高学生的社会实践能力。

（2）课时安排

茅台镇调研 3

此案例教学安排 26 课时：其中，用 8 课时进行理论案例与设计案例引入讲授、开放式讨论、学生分组及任务安排；实地考察 2 天，对项目场地、相关设计案例进行调研；场地空间分析与课题组讨论 4 课时；学生根据调研资料完成设计实践进行 PPT 汇报、讨论，4 课时；导师作针对性课堂小结 2 课时。

（3）案例前期准备

在案例讲解前，先让研究生对相关项目进行现场了解，根据学生对项目的关注点和研究意愿进行分组，并开始对案例的相关背景情况进行系统的介绍和分析。可将分析的重点拆分为：如何找到茅台企业的特点、探索国内外相关传统企业的案例分析，如何提高传统企业的时代适应，如何将企业文化、产品等内容在展示空间中实现功能、形态、语言、空间的转换等，引导学生从多角度、多维度了解案例，从而更全面地了解设计。

（4）案例学习方法：多角度

以项目案例研究为授课主导，工作站每周组织企业导师开展导师讲堂，将自己设计的典型案例作分享，多视野、多角度、多方向地赋予研究生对案例研究的研习思考和启发。

同时导师带领课题组，从展示设计相关的室内设计入手，选择公司相关室内设计案例项目作为案例调研对象，通过对相关的室内设计方案策划、方案设计、方案实施等全方位的获取、学习设计的知识和方法，学会从社会现象、历史背景和生产生活行为、项目产生的社会作用和业主的诉求等方面获取基础资料，这些问题的探讨是做研究不可或缺的部分，只有前期准备充分才能顺利进行后面的工作。

（5）案例教学

本案例教学要求在每个阶段以 PPT 形式进行 20 分钟以内的研究进展情况汇报，使导师能够在不同阶段了解案例理论研究与设计实践的真实学习状况，重点对案例的"研究方法""设计理念""设计目的""设计意义"等方面的思考和创新能力进行指导。对于茅台文化展厅设计，导师提供相关的博物馆设计、展厅设计等企业落地的实际案例，更加全面系统地了解相关展示设计的流程和思路，也对艺术设计手法、科技与文化结合的设计方法有了更进一步的认识和理解，拓展了学校教学中存在的部分局限。

（6）开放式讨论

案例讲解后，以小组为单位，对各小组的分析和研究情况进行汇报和交流，并同时展开师生间的开放式讨论。讨论会以现场结合网络远程视频会议的形式展开，针对茅台文化展厅设计案例进行阶段性评价，提出现代科技理念下的传统企业文化商业展示空间的设计理论和方法，对学生进行启蒙、指引，对学生的案例设计进行

顾与识
产学合作培养研究生佳作集

Retrospecting and Reunderstanding
Collection of Masterpieces of Industry-university Cooperation
Training Graduate Students

师生合影

深入探讨。

（7）定期汇报

在进入工作站后，四川美术学院将在每期的 10 月中旬和 12 月中旬组织参与院校导师和企业导师一起到工作站，针对每位研究生的课题案例教学情况进行检查。要求研究生们根据自己的学习进度和阶段性成果做前期汇报，并由企业导师和学校导师做教学情况介绍，参会人员根据每位学生的案例研究成果逐一审议点评，并给以下一阶段的学习建议。从不同的关注点提点学生在理论、学术、设计方法、项目目标、经济目的等方面加以重视，促使学生对设计理论研究与实践有更深入的认识和理解。

5. 案例研究意义

此案例教学过程中以 PPT 幻灯片案例介绍、导师讲解、现场分析、会审指导为主要教学形式。

（1）在学科教学的角度下，多个高校的教学理念在学生的汇报研究过程中产生碰撞，多角度、多思维地扩充了环境设计领域的教学体系；

（2）学生在企业中参与实际项目和案例，弥补了实践的不足，增强了学生的项目实践、社会适应、人际交往、情境表达等能力；

（3）对案例进行实地考察，增强了学生对于案例的理解，切身感受到学生的特异感受，调动了学生的积极性和主动性。

问题与对策/Problems and Countermeasures

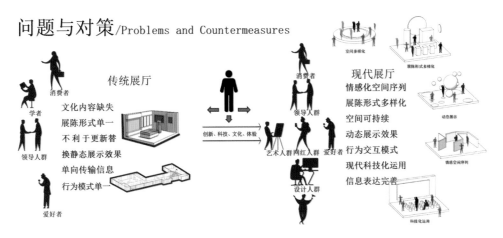

传统展厅

文化内容缺失
展陈形式单一
不利于更新替
换静态展示效果
单向传输信息
行为模式单一

现代展厅

情感化空间序列
展陈形式多样化
空间可持续
动态展示效果
行为交互模式
现代科技化运用
信息表达完善

文化提炼/Cultural refinement

历史文化　赤水河河水　飞天茅台　酿酒车间　酿酒原料　酿酒工艺　包装流线

关于企业/About Enterprises

中国贵州茅台酒厂(集团)有限责任公司是国家大型国有企业，茅台集团总部位于中国贵州省遵义市茅台镇，其主导产品贵州茅台酒历史悠久、源远流长，具有深厚的文化内涵，是我国大曲酱香型白酒的鼻祖和典范代表，也是具有特色的绿色食品、有机食品和地理标志性产品。

 领导简介　 组织机构　 发展历程　 茅台荣誉　 经营业绩

精神　　**使命**　　**经营理念**

爱我茅台 为国争光　　弘扬茅台文化 创领生活梦想　　理性扩张 统筹发展

人才理念　　**决策理念**　　**领导理念**

以人兴企 人企共进　　谋则科学民主 定则果断执行　　务本兴业 立德树人

顾与识
产学合作培养研究生佳作集

Retrospecting and Reunderstanding
Collection of Masterpieces of Industry-university Cooperation
Training Graduate Students

设计方法/Design Method

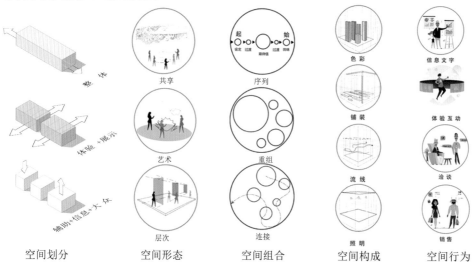

空间划分　　　空间形态　　　空间组合　　　空间构成　　　空间行为

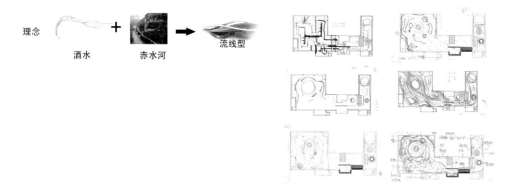

平面布置图/The Aerial View

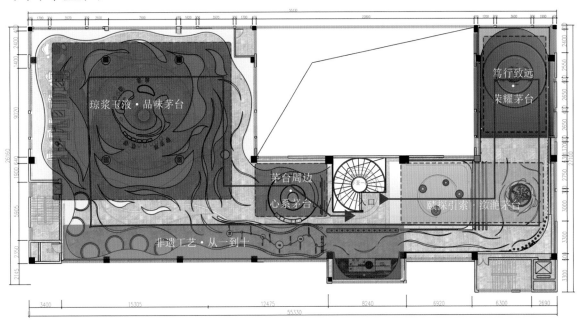

顾与识
产学合作培养研究生佳作集

Retrospecting and Reunderstanding
Collection of Masterpieces of Industry-university Cooperation
Training Graduate Students

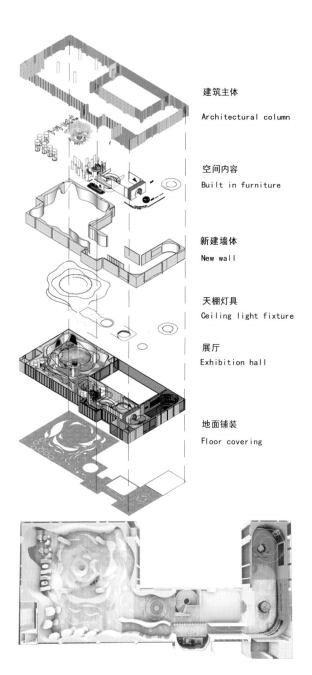

建筑主体
Architectural column

空间内容
Built in furniture

新建墙体
New wall

天棚灯具
Ceiling light fixture

展厅
Exhibition hall

地面铺装
Floor covering

11	14	15	16
12	17	18	19
13			

11 - 笃行致远·荣耀茅台（效果图）
12 - 非遗工艺·从一到十（效果图 1 - 装置艺术）
13 - 非遗工艺·从一到十（效果图 2 - 场景复原）
14 - 非遗工艺·从一到十（效果图 3 - 过廊）
15 - 非遗工艺·从一到十（效果图 4 - VR 体验区）
16 - 琼浆玉液·品味茅台（效果图 1）
17 - 琼浆玉液·品味茅台（效果图 2）
18 - 琼浆玉液·品味茅台（效果图 3）
19 - 出口 / 茅台周边·心系茅台（效果图）

模糊的边界
——艺术馆里的酒店

Blurred Boundaries
—— A Hotel in an Art Gallery

帅海莉﹝深圳工作站﹞

学校：四川美术学院
学校导师：刘蔓
企业名称：深圳广田装饰集团设计院
企业导师：孙乐刚

案例说明

酒店设计去边界化表现形式研究 案例教学使用说明书

1. 案例教学目标

本案例参加了四川美术学院·深圳市梓人环境设计有限公司研究生联合培养工作站，导师选定的实际项目为研究载体的课题。通过对本设计实践案例的系统性了解及针对性讨论，希望学生从以下几个方面得到收获：

（1）通过选题研究，认知人和社会发展对设计产生的影响；

（2）梳理多专业整体设计发生的背景和原因，在研究中找到专业间的内在逻辑关系，并依此推导其对设计产生的实际意义和价值；

（3）运用多专业设计思维方式，在课题设计实践中，以更宽的视角把多专业、跨领域作为设计点，为不同人提供独特体验的艺术空间，进而完成课题。

2. 案例讨论的准备工作

（1）了解"去边界化"的含义；

（2）梳理酒店室内设计的历史背景与发展经历，总结酒店设计的现代呈现方式，寻找行业发展的普遍现象和规律，以应对现代社会对现代酒店设计提出的新挑战；

（3）调研深圳 MUJI 酒店、深圳后海木棉花酒店、深圳柏悦酒店；

（4）实地考察实践项目酒店。

3. 案例分析要点

本案例翔实描述了对艺术馆里的酒店设计实践，有助于学生从方案设计的角度对酒店设计去边界化表现形式进行全面的了解。

首先，在设计初期，通过对相关优秀案例酒店的实地考察以及实践项目酒店周

顾与识
产学合作培养研究生佳作集

Retrospecting and Reunderstanding
Collection of Masterpieces of Industry-university Cooperation
Training Graduate Students

边环境现状情况的了解，分析多专业跨领域整体设计的实操性；其次，对进入该酒店空间的人群需求以及空间交通流线分析，提出酒店设计去边界化设计策略；最后，在对设计案例学习的基础上，引导学生就以下方面的问题进行思考：

（1）如何以更广的视角把多专业、跨领域作为设计点，为不同的人提供独特体验的酒店艺术空间；

（2）如何实现以一种新的方式来模糊"纯酒店"印象，给人带来新的感受；

（3）如何改变酒店空间的单一性，并在去边界化设计理念下形成多样性；

（4）在研究设计方案中，思考以艺术馆里的酒店这一定位，集酒店、艺术展览与艺术商业于一体的经营理念和经营模式，区别于市场上千篇一律的酒店模式，使酒店的行业生存空间更大，酒店更加生动有活力。

4.教学组织形式：四堂研习（学堂、课堂、讲堂、会堂）

（1）进入企业转换角色（学堂）

以企业为学堂，以设计师为身份，按照岗位要求严格规范工作行为和完成研习目标，了解企业对人才的需求，认识专业、理解职业，提升学生的综合能力。

（2）以现场为教学环境展开调研、讨论（课堂）

此案例教学安排共五天，第一天为理论案例与设计案例引入讲授、开放式讨论交流及任务安排，第二天和第三天进行为期两天的实地考察（相关优秀案例实地考察及实践项目实地考察），第四天为学生根据调研资料进行资料整理和汇总，第五天为学生进行分析汇报以及导师作针对性课堂小结。

（3）形成课题组教学（课堂）

与导师讨论课题

在案例讲解前，先让研究生对相关项目进行现场了解，根据学生对项目的关注点和研究意愿进行分组，并开始对案例的相关背景情况进行系统的介绍和分析。可将分析的重点拆分为：酒店设计的案例分析，如何提高酒店的行业生存空间，如何实现集酒店、艺术展览与艺术商业于一体，引导学生多角度了解案例。

（4）多项目考察（讲堂）

师生合影

以项目案例研究为授课主导，工作站组织每一位企业导师开展导师讲堂，将自己设计的典型案例作分享，多视野和多角度地影响研究生对案例研究的研习思考。同时导师引导课题研究，就近选择多个具有代表性的酒店设计优秀项目作为案例调研对象，获取更多的知识和方法，学会从历史背景、社会现象以及生产生活行为、人的需求以及项目产生的社会作用等方面获取基础资料，这是做研究极为重要的。

（5）案例教学引入（讲堂）

本案例教学在每个阶段以 PPT 形式进行 40 分钟左右的研究进展情况汇报说明，并与导师进行项目交流沟通，使导师能够在不同阶段了解案例理论研究与设计实践的真实学习状况，重点对案例的"研究方法""设计理念""设计方法""设计实践"等方面的思考和创新能力进行指导。对于艺术馆酒店项目导师给予了极大的启发和其他相关案例的观摩，尤其是为何以艺术馆作为出发点，将经营理念与经营模式融入酒店设计并指导此次项目设计方向，以及空间处理方式和新技术的运用上有了更多的认识，这些知识在学校的教学中少有涉及，只能在实际案例中获取。

设计汇报

（6）开放式讨论（会堂）

案例讲解后，以小组为单位，对各小组的分析和研究情况进行汇报和交流，并同时展开师生间的开放式讨论。讨论会以现场结合网络

顾与识
产学合作培养研究生佳作集

Retrospecting and Reunderstanding
Collection of Masterpieces of Industry-university Cooperation
Training Graduate Students

远程视频会议的形式展开，对该学生的设计案例进行阶段性评价，对酒店设计去边界化表现形式的设计理论和方法进行深入探讨。

（7）定期会审检查（会堂）

在进入工作站后，四川美术学院将在每期的 10 月中旬和 12 月中旬组织参与院校导师和企业导师一起到工作站，针对每位研究生的课题案例教学情况进行检查。要求研究生们根据自己学习进度和阶段性成果做前期汇报，并由企业导师和学校导师做教学情况介绍，参会人员根据每位学生的案例研究成果逐一审议点评，并给以下一阶段的学习建议。通过四堂研习的模式，将设计企业、学校、研究生三方围绕项目案例展开创新性教学探索，并引导校企导师从不同角度换位思考人才培养的目的、过程和方法，从不同的关注点提点学生在理论、学术、设计方法、项目目标、经济目的等方面加以重视，促使学生对设计理论研究与实践有更深入的认识和理解。

5. 其他

此案例教学过程中以 PPT 幻灯片案例介绍、导师讲解、现场分析、会审指导为主要教学形式，教学材料多以资料图纸、客户访谈、现状调研、测绘、物料与技术了解等为主。

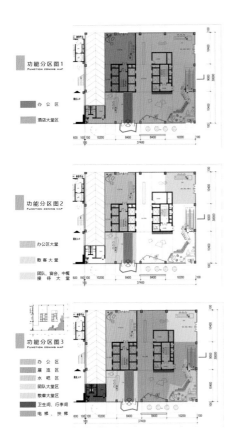

1
2
3

顾与识
产学合作培养研究生佳作集

Retrospecting and Reunderstanding
Collection of Masterpieces of Industry-university Cooperation
Training Graduate Students

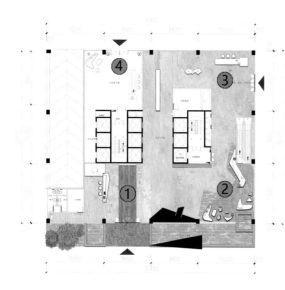

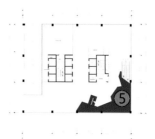

1 散客接待大堂

2 水吧

3 团队、宴会、中餐接待大堂

4 办公区大堂

5 夹层展览厅

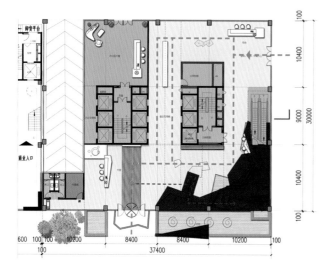

4 6
5 7
  8

- - - - - - - - - ►
主要观展路线

- - - - - - - - - ►
次要观展路线

4 – 彩色平面图
5 – 路线分析图
6 – 大堂北立面图
7 – 大堂西立面图
8 – 大堂剖面图

顾与识
产学合作培养研究生佳作集

Retrospecting and Reunderstanding
Collection of Masterpieces of Industry-university Cooperation
Training Graduate Students

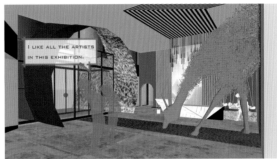

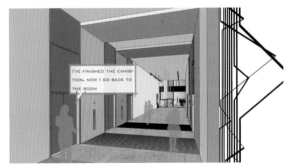

9	11	12
10	13	14

9 – 散客大堂效果图
10 – 团队大堂效果图
11 – 场景图 1
12 – 场景图 2
13 – 场景图 3
14 – 场景图 4

顾与识
产学合作培养研究生佳作集

Retrospecting and Reunderstanding
Collection of Masterpieces of Industry-university Cooperation
Training Graduate Students

客房平面布置图

| 15 | 17 | 18 |
| 16 | 19 | |

15 – 水吧效果图 1
16 – 水吧效果图 2
17 – 客房平面布置图
18 – 客房效果图 1
19 – 客房效果图 2

驻马店五星级酒店大堂及大堂吧设计

Lobby and Lobby Bar Design for a Five-star Hotel in Zhumadian

邓千秋﹝深圳工作站﹞

学校：四川美术学院

学校导师：杨吟兵

企业名称：PLD 刘波设计顾问有限公司

企业导师：刘波

案例说明

地域文化在驻马店酒店大堂及大堂吧的设计应用研究 案例教学使用说明书

1. 案例教学目标

本案例参加了四川美术学院·深圳市梓人环境设计有限公司研究生联合培养工作站，导师选定的实际项目为研究载体的课题。通过对本设计实践案例的系统性了解及针对性讨论，希望学生从以下几个方面得到收获：

（1）对酒店及酒店设计有初步的认识，了解其发展历史与设计趋势，加上资料阅读，形成一定的知识储备基础；

（2）了解地域文化在酒店设计中的价值与意义；

（3）掌握地域文化融于酒店设计的策略及方法。

2. 案例讨论的准备工作（以河南驻马店万怡酒店为例）

（1）了解驻马店的城市文脉；

（2）了解度假酒店的历史发展及设计趋势；

（3）调研河南驻马店万怡酒店的场地现状与自然环境资源；

（4）测绘、记录酒店用地的面积、交通情况等；

（5）根据项目特性植入宋代建筑文化理念，形成设计概念；

（6）系统研究地域文化对酒店设计的影响。

3. 案例分析要点

本案例翔实描述了对河南驻马店万怡酒店大堂及大堂吧的设计实践，有助于学生从酒店创新设计的角度进行全面的了解。

首先，在设计初期，通过对河南驻马店万怡酒店环境现状情况的了解，掌握设

顾与识
产学合作培养研究生佳作集

Retrospecting and Reunderstanding
Collection of Masterpieces of Industry-university Cooperation
Training Graduate Students

计中可供利用的自然景观资源；其次，对不同人群如后勤服务与客人进行人行、车行等的流线划分以及具体的空间功能规划，且对北宋建筑体系进行梳理，转化应用在酒店建筑、景观与室内的设计当中；最后，在对设计案例学习的基础上，引导学生就以下方面的问题进行思考：

（1）如何将地域文化转化应用到空间设计当中；

（2）如何将景观元素运用于室内空间的设计；

（3）梳理北宋建筑文化特色并结合到度假酒店的设计中。

4. 教学组织形式：四堂研习（学堂、课堂、讲堂、会堂）

（1）进入企业转换角色（学堂）

以企业为学堂，以设计师为身份，按照岗位要求严格规范工作行为和完成研习目标，了解企业对人才的需求，认识专业、理解职业，提升学生的综合能力。

（2）以现场为教学环境展开调研、讨论（课堂）

此案例教学安排 26 课时：

其中，实地考察 2 天（讨论与确定选题前后各 1 天），案例引入讲授 2 课时，场地空间分析与课题组讨论 4 课时，导师作针对性课堂小结 2 课时。

（3）形成课题组教学（课堂）

在案例讲解前，先让研究生对相关项目进行现场了解，根据学生对项目的关注点和研究意愿进行分组，并开始对案例的相关背景情况进行系统的介绍和分析。可将分析的重点拆分为：度假酒店的历史发展及设计趋势、地域文化主题的酒店设计案例分析、如何提炼地域文化特点、针对不同目标实现空间进行转化、引导学生多角度了解案例的历史背景。

导师讲堂，师生对课题进行讨论

（4）多项目考察（讲堂）

以项目案例研究为授课主导，工作站每周组织企业导师开展导师讲堂，将自己设计的典型案例作分享，多视野和多角度地引导研究生对案例研究的研习思考。同时导师带领课题组，就近选择多个具有代表性的酒店项目作为案例调研对象，获取更多的知识和方法，学会从社会现象、历史背景和生产生活行为、项目产生的社会作用等方面获取基础资料，这是做研究极为重要的。

（5）案例教学引入（讲堂）

本案例教学要求在每个阶段以 PPT 形式进行 20 分钟以内的研究进展情况汇报，使导师能够在不同阶段了解案例理论研究与设计实践的真实学习状况，重点对案例的"研究方法""设计理念""设计动机""设计方法""设计作用"等方面的思考和创新能力进行指导。

（6）开放式讨论（会堂）

案例讲解后，以小组为单位，对各小组的分析和研究情况进行汇报和交流，并同时展开师生间的开放式讨论。讨论会以现场结合网络远程视频会议的形式展开，对该学生的设计案例进行阶段性评价，对地域文化在驻马店酒店大堂及大堂吧运用的设计理论和方法进行深入探讨。

（7）定期会审检查（会堂）

师生合影

在进入工作站后，四川美术学院将在每期的 10 月中旬和 12 月中旬组织参与院校导师和企业导师一起到工作站，针对每位研究生的课题案例教学情况进行检查。要求研究生们根据自己学习进度和阶段性成果做前期汇报，并由企业导师和学校导师作教学情况介绍，参会人员根据每位学生的案例研究成果逐一审议点评，并给以下一阶段的学习建议。通过四堂研习的模式，将设计企业、学校、研究生三方围绕项目案例展开创新性教学探索，并引导校企导师从不同角度换位思考人才培养的目的、过程和方法，从不同的关注点提点

顾与识
产学合作培养研究生佳作集

Retrospecting and Reunderstanding
Collection of Masterpieces of Industry-university Cooperation
Training Graduate Students

学生在理论、学术、设计方法、项目目标、经济目的等方面加以重视，促使学生对设计理论研究与实践有更深入的认识和理解。

5. 其他

此案例教学过程中以 PPT 幻灯片案例介绍、导师讲解、现场分析、会审指导为主要教学形式，教学材料多以资料图纸、客户访谈、现状调研、测绘、物料与技术了解等为主。

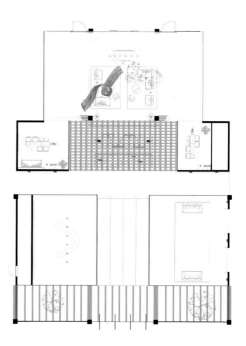

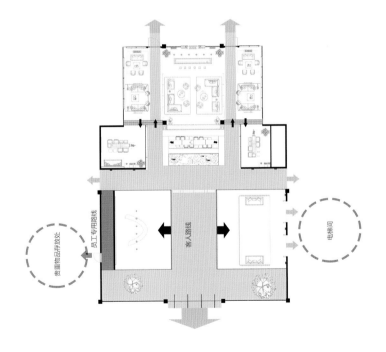

贵重物品存放处
员工专用路线
客人路线
电梯间

1 2 | 3

1－平面尺寸图
2－平面装置关系图
3－流线分析图

顾与识
产学合作培养研究生佳作集

Retrospecting and Reunderstanding
Collection of Masterpieces of Industry-university Cooperation
Training Graduate Students

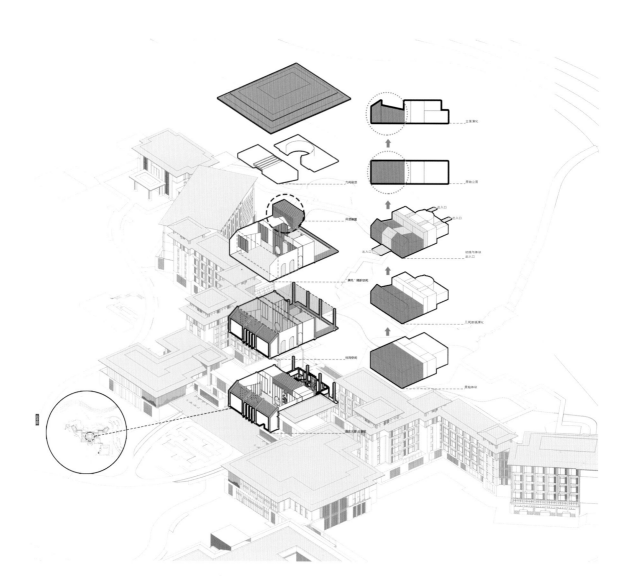

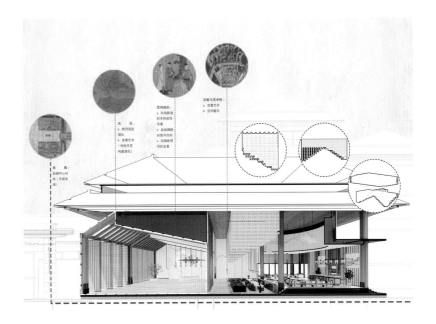

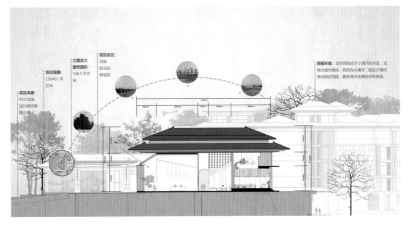

4 | 5
  | 6

4 – 体块演化图
5 – 建筑元素分析图
6 – 立面分析图

顾与识
产学合作培养研究生佳作集

Retrospecting and Reunderstanding
Collection of Masterpieces of Industry-university Cooperation
Training Graduate Students

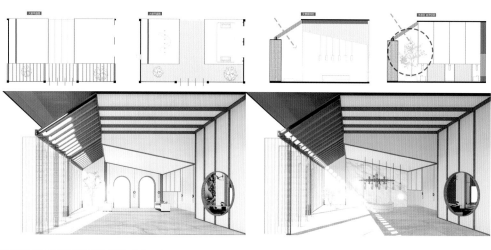

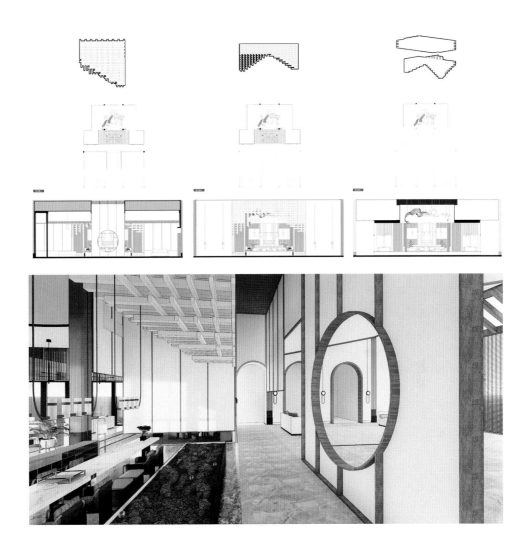

顾与识
产学合作培养研究生佳作集

Retrospecting and Reunderstanding
Collection of Masterpieces of Industry-university Cooperation
Training Graduate Students

顾与识
产学合作培养研究生佳作集

Retrospecting and Reunderstanding
Collection of Masterpieces of Industry-university Cooperation
Training Graduate Students

14 | 15

14 – 大堂吧效果图 2
15 – 大堂吧效果图 3

顾与识
产学合作培养研究生佳作集

Retrospecting and Reunderstanding
Collection of Masterpieces of Industry-university Cooperation
Training Graduate Students

『共生·衍生·享生』
——武汉城市展厅室内设计

"Symbiosis · Derivation · Enjoyment"
—— Interior Design of Wuhan City Showroom

周诗颖（深圳工作站）

学校：四川美术学院
学校导师：刘蔓
企业名称：RWD 黄志达设计有限公司
企业导师：黄志达

案例说明

产品经理思维引导下的室内设计研究 案例教学使用说明书

1. 案例教学目标

该课程通过对产品经理思维的系统研究，结合传统的室内设计思维模式，探究产品经理视角下室内设计思维的拓展性应用，并应用于相应的项目设计实践。希望学生从以下几个方面得到学习：

（1）了解当下设计行业发展面貌，了解当下用户需求推动设计产品研发的设计背景；

（2）学习并了解产品经理职能的具体表现，对产品经理思维要素进行总结；

（3）基于传统的室内设计思维的优势和局限性，探索产品经理思维在室内设计中的延续，提出相应的创新设计方法和思路。

2. 案例讨论的准备工作（以武汉城市展厅室内设计项目为例）

（1）了解产品经理的产生背景与发展历程，并分析经典案例；

（2）了解产品经理思维在产品研发过程中的具体工作；

（3）分析传统室内设计思维的优势和局限性，结合产品经理思维思考设计流程；

（4）调研武汉城市展厅的周边现状和区域发展策略，运用产品经理思维系统地分析项目需求。

3. 案例分析要点

本案例翔实描述了基于产品经理思维引导下的武汉城市展厅室内设计实践，有助于学生运用跨专业的知识介入设计实践，从而对设计项目本身有多角度地认识。

首先，在研究初期，首先通过对产品经理思维的了解，系统地分析武汉城市展

顾与识
产学合作培养研究生佳作集

Retrospecting and Reunderstanding
Collection of Masterpieces of Industry-university Cooperation
Training Graduate Students

厅室内设计的项目需求；其次，通过数据对用户画像进行描绘，大致划定未来用户群体类别，并根据用户画像关联城市展厅室内空间功能区；最后，根据用户分析和项目分析引出案例"共生·衍生·享生"的设计理念，结合研究初期的一系列分析展开空间构思。整个案例分析由基本理论到项目运用，整体的设计思维由用户逻辑再到设计逻辑，有助于学生从多维的角度认识设计项目。

在对案例学习的基础上，学生需掌握以下几点：

（1）明确产品经理思维要素，结合产品经理思维的兴起背景，思考产品经理思维在室内设计中的延续；

（2）思考如何结合产品经理思维和传统室内设计思维的优势展开项目分析；

（3）思考如何从用户思维过渡到设计思维。

4. 教学组织形式：课堂和企业课堂

（1）课时安排

课程的教学结构为：课堂 — 企业课堂（或校内导师工作室）— 课堂。其中，课堂教学安排24学时，共4天；企业课堂教学安排2天。

其中，第一天课程为：理论知识、案例教学主题、学生分组选题及课时任务安排（6学时）；第二天安排各小组同学参与企业（或校内导师工作室）的相关设计工作，了解企业（或校内导师工作室）设计流程；第三天课程为：外出考察，实地调研选题相关的内容，收集和归纳有效信息，提出课题设计构思（6学时）；第四天安排各小组同学参与企业（或校内导师工作室）讲堂，多角度学习；第五天课程为：学生根据调研考察和设计构思完成设计初稿，同时课程指导老师对小组的方案提出建议（6学时）；第六天课程为：各小组最终方案汇报和指导老师总结（6学时）。

（2）课堂教学：案例教学导入

本案例教学拟利用PPT形式，进行40分钟的理论知识与案例设计分析结合的方式讲解，在学生对产品经理的基本理论知识有所认识的基础上，对案例的"产

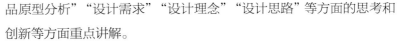

品原型分析""设计需求""设计理念""设计思路"等方面的思考和创新等方面重点讲解。

（3）企业课堂教学：参与企业工作，实现角色转变

鼓励学生参与企业（或校内导师工作室）工作，以企业（或校内导师工作室）作为学堂，使学生在参与设计工作的过程中，将学生角色转化为职场设计人员角色，学生能通过参与实际工作了解设计流程，从实际案例切入设计研究与设计实践，同时也能锻炼学生的个人设计思维、拓展设计视野、提升设计实践和设计研究的能力。

（4）企业课堂教学：主题讲堂

整个课程以理论和项目案例研究为基础，同时组织学生所在的企业（或校内导师工作室）共开展1-2场主题讲座，例如：分享设计案例、分享个人设计心得、讨论当下设计问题等等，让学生获取不同视角的观点。

导师讲堂

5. 案例研究意义

产品经理思维最早成熟应用于互联网行业的产品研发，但在设计行业的应用较少，因此将"产品经理思维"作为设计思维探索的新切入点是具有创新价值的。

（1）对设计的优化具有客观的指导：产品经理思维下，学生能通过多角度分析用户和产品；通过对产品和用户的研究，重新定义产品性质，有效缩小用户的调研范围；同时，学生通过对用户同理心地图、用户地图、用户画像、场景等方面的研究，能采集用户真实的想法和需求，最终实现引导用户体验产品的目的。

（2）给予学生拓展性的指导：产品经理思维与设计思维不同，学生在传统的设计思维拓展了以下内容：产品定位、研究用户需求、获取用户需求清单、分析运营市场、规划用户体验地图、结合用户反馈交付设计资料等，学生能在设计思维基础上取得一定锻炼。

师生合影

顾与识
产学合作培养研究生佳作集

Retrospecting and Reunderstanding
Collection of Masterpieces of Industry-university Cooperation
Training Graduate Students

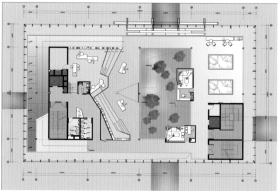
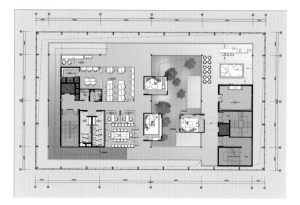

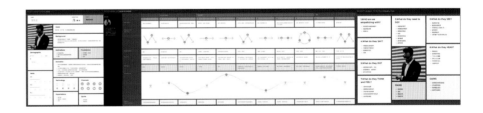

顾与识
产学合作培养研究生佳作集

Retrospecting and Reunderstanding
Collection of Masterpieces of Industry-university Cooperation
Training Graduate Students

顾与识
产学合作培养研究生佳作集

Retrospecting and Reunderstanding
Collection of Masterpieces of Industry-university Cooperation
Training Graduate Students

11 | 12

11 - 一层沙盘区效果图
12 - 二层走廊效果图

顾与识
产学合作培养研究生佳作集

Retrospecting and Reunderstanding
Collection of Masterpieces of Industry-university Cooperation
Training Graduate Students

顾与识
产学合作培养研究生佳作集

Retrospecting and Reunderstanding
Collection of Masterpieces of Industry-university Cooperation
Training Graduate Students

『平衡与品位』
设计师文献展览策划设计

Planning and Design of "Balance and Taste"
Designer Documentary Exhibition

曾韵筑（深圳工作站）

学校：四川美术学院

学校导师：谢亚平

企业名称：深圳市梓人环境设计有限公司

企业导师：颜政

案例说明

以设计师为中心的设计公司文化生态研究 案例教学使用说明书

1. 案例教学目标

本案例参加了四川美术学院·深圳市梓人环境设计有限公司研究生联合培养工作站，导师选定的实际项目为研究载体的课题。通过对本设计实践案例的系统性了解及针对性讨论，希望学生从以下几个方面得到收获：

（1）学习关于设计公司文化生态的构成要素，了解设计公司的类别、特长与项目运行方式，以及设计企业发展模式；

（2）明确组织中设计师的身份，讨论身份的多维性与认同问题；

（3）了解设计师的职业素养，明确在设计实践中哪些因素会影响设计结果；

（4）研究设计师的个人品位对设计成果的影响；

（5）掌握当代室内设计公司在实践中的创新设计方法和分析手法。

2. 案例讨论的准备工作（以深圳市梓人环境设计有限公司为例）

（1）梳理深圳室内设计公司产生的历史背景与发展经历，通过个案分析，寻找行业发展的普遍现象和规律；

（2）了解深圳市梓人环境设计有限公司（后简称梓人设计公司）创始人的经历与设计理念，从核心设计师的特殊性发现企业的特殊性；

（3）了解研究对象梓人设计公司的基本情况，包括项目设计流程、组织构架、运作模式、工作特色，从个案企业的特殊性分析深圳行业与其他区域行业的差异性特征；

（4）了解深圳地区其他室内设计公司的现实情况，从深圳行业的普遍性逆向研究其他设计企业的差异性发展。

顾与识
产学合作培养研究生佳作集

Retrospecting and Reunderstanding
Collection of Masterpieces of Industry-university Cooperation
Training Graduate Students

3. 案例分析要点

本案例翔实描述了梓人设计公司的产生、发展，在研究初期，针对研究对象梓人设计公司中的设计总监、管理人员、设计师做了多次访谈，通过史料梳理室内设计公司产生的原因和目前的行业状况，有助于学生从本研究中了解当代设计企业中的设计流程，以及设计师创始人发挥的作用。在对理论研究案例的教学过程中，引导学生就以下方面的问题进行思考：

（1）如何抓住设计公司的特点和发展模式；

（2）在研究设计方案中，思考策划一场文献展览具体包含哪些内容？掌握如何收集、整理、分类、提炼有价值的、可呈现的展览信息，学会梳理展览的叙事逻辑；

（3）在研究设计方案中，思考如何将策划报告、研究内容转变成具体的展览空间视觉效果。分析展览展示可以采用哪些呈现手法，让展览内容与观众产生共鸣。

4. 教学组织形式：四堂研习（学堂、课堂、讲堂、会堂）

（1）进入企业转换角色（学堂）

以企业为学堂，以设计师为身份，按照岗位要求严格规范工作行为和完成研习目标，了解企业对人才的需求，认识专业、理解职业，提升学生的综合能力。

（2）以现场为教学环境展开调研、讨论（课堂）

此案例教学安排 26 课时。其中，理论案例引入讲授 2 课时，实地考察 2 天（讨论与确定选题前后各 1 天）并收集可用资料，设计案例引入讲授与开放式讨论、学生分组及任务安排 2 课时，课题分析与课题组讨论 2 课时，导师作针对性课堂小结 2 课时。

师生合影

（3）形成课题组教学（课堂）

在案例讲解前，先让研究生对相关项目进行现场了解，根据学生对项目的关注点和研究意愿进行分组，并开始对案例的相关背景情况进行系统的介绍和分析。

（4）多项目考察（讲堂）

以项目案例研究为授课主导，工作站每周组织企业导师开展导师讲堂，将自己设计的典型案例作分享，多视野和多角度地影响研究生对案例研究的研习思考。同时导师带领课题组，就近选择多个具有代表性的设计企业作为案例调研对象，获取更多的知识和方法，学会从时代特征、创始人经历和设计企业内部文化、设计企业发展方式等方面获取基础资料，这是做研究极为重要的。

（5）案例教学引入（讲堂）

设计汇报

本案例教学让学生在每个阶段以 PPT 形式，进行 20 分钟以内的研究进展情况汇报，使导师能够在不同阶段了解案例理论研究与设计实践的真实学习状况，重点对案例的"研究方法""设计理念""设计动机""设计方法""设计作用"等方面的思考和创新能力进行指导。设计公司的研究导师给予了多方面的启发和其他相关案例的观摩，并从多方面进行系统性分析。

（6）开放式讨论（会堂）

案例讲解后，以小组为单位，对各小组的分析和研究情况进行汇报和交流，并同时展开师生间的开放式讨论。讨论会以现场结合网络远程视频会议的形式展开，对该学生的设计案例进行阶段性评价，对以设计师为中心的设计公司文化生态的设计理论和方法进行深入探讨。

（7）定期会审检查（会堂）

在进入工作站后，四川美术学院将在每期的 10 月中旬和 12 月中旬组织参与院校导师和企业导师一起到工作站，针对每位研究生的课

顾与识
产学合作培养研究生佳作集

Retrospecting and Reunderstanding
Collection of Masterpieces of Industry-university Cooperation
Training Graduate Students

题案例教学情况进行检查。要求研究生们根据自己学习进度和阶段性成果做前期汇报，并由企业导师和学校导师做教学情况介绍，参会人员根据每位学生的案例研究成果逐一审议点评，并给以下一阶段的学习建议。通过四堂研习的模式，将设计企业、学校、研究生三方围绕项目案例展开创新性教学探索，并引导校企导师从不同角度换位思考人才培养的目的、过程和方法，从不同的关注点提点学生在理论、学术、设计方法、项目目标、经济目的等方面加以重视，促使学生对设计理论研究与实践有更深入的认识和理解。

5. 其他

此案例教学过程中以 PPT 幻灯片案例介绍、导师讲解、现场分析、会审指导为主要教学形式，教学材料多以资料图纸、客户访谈、现状调研、测绘、物料与技术了解等为主。

设计说明

2019-2020 学年第一学期，我参加了学校举办的第六期校企联合培养硕士研究生工作站项目。2019 年 9 月至 2020 年 1 月期间，在深圳市梓人环境设计有限公司进行了实习。实习工作期间我在梓人公司协助设计师完成了设计资料收集、设计初步方案等工作，了解到梓人的企业文化、设计流程。同时完成了工作站的课题研究任务。除了在公司实习，我还参加了深圳企业导师的主题讲座，对深圳地区的几家国内一流设计公司有了一定的了解。在工作站——梓人设计公司实习的这段经历，让我了解到梓人设计公司的很多设计项目都非常成功，他们的工作方法以及设计师的创作构思很值得学习。所以，我以工作站的论文研究《以设计师为中心的设计公司文化生态研究》为基础，设计部分希望通过文献展览的方式让人可以直观地感受梓人设计师作品创作背后的故事。

1. 设计题目

设计题目为"平衡与品位"设计师文献展览策划设计。

2. 设计情况介绍与前期分析

（1）设计情况介绍

"平衡与品位"设计师文献展览策划设计是以深圳市梓人环境设计有限公司设计总监颜政的职业经历为主要线索。主要展示设计师颜政的设计理念、设计作品与设计构思。试图通过本次展览搭建国内一流设计师设计理念的交流平台，了解当代前沿的环境设计（室内设计）公司的设计方法。

（2）设计前期分析

回顾世界现代设计史，设计师企业家常常以自由设计顾问的形式开始自己的设

顾与识
产学合作培养研究生佳作集

Retrospecting and Reunderstanding
Collection of Masterpieces of Industry-university Cooperation
Training Graduate Students

计公司。设计师的设计理念、对某个设计领域的偏爱以及对设计过程的观点，给公司带来一种领导风格和战略定位。国内的室内设计公司，普遍创立于 20 世纪 90 年代末至 21 世纪初期，公司企业家通常由做设计的设计师领衔，这批设计师企业家的成长路径基本相同。他们普遍早期就职于装饰设计公司，在工作中获得了丰富的设计实践经验。部分公司因为组织结构改制或设计能力突出，以及在创业热潮的带动下，独立出来创办了设计公司。这些设计公司在设计师企业家的带领下，各有特点。以深圳市梓人环境设计有限公司（后文简称梓人设计）为例，该公司是由深港两地的成建造（香港）设计公司、深圳市梓人环境设计有限公司、深圳深港建设三家公司的四名主创设计师于 2005 年组成的设计联盟机构。

创始人颜政毕业于江南大学服装设计专业，毕业后的偶然机会接触了室内设计，并进入室内设计领域工作。她认真的工作态度与出色的设计能力得到了公司的认可，工作不久就被任命为设计部的经理。20 世纪 90 年代初，颜政就职的公司面临国有资产破产后，脱离集团独立存活下来。公司组织结构变革，设计部门的业务不再由集团公司分配而是自主到市场中靠竞标拿项目。各个部门开始独立承包，自谋生路。身为设计部经理的颜政带领着团队独立做设计，有了设计工作室。国内经济环境发展稳定，市场对室内设计需求的不断提高，经过几年时间的打磨，颜政的设计工作室有了稳定的客户群，这时室内设计师在行业中与之前相比更具有了发言权和独立性。考虑到设计合同签订和收款等方面的综合因素，2005 年颜政设计工作室以"深圳市梓人环境设计有限公司"的名字注册公司，真正踏上了创业之路。创业期间为了更好地管理公司，颜政到法国国立工艺学院（Le CNAM）进修了设计管理。

在工作中，颜政是一位有着良好服务意识的设计师，她赢得了众多建设方及业主的信任，善于从建设方的角度出发，具有把作品个性与业主需求完美结合的出色综合能力。同时，她还具有独特的创新意识与艺术修养，擅长项目的综合统筹。

在生活中，颜政是一个情感细腻的人，非常善于捕捉日常生活中让人温暖的东西，容易被感动。从小受到父母的影响喜欢历史、文学与艺术，颜政认为阅读历史可以了解很多人性的规律，喜爱文化会比较容易动情，情感就比较丰富。而作为一个长期与设计、艺术打交道的人，无论是做室内设计还是建筑设计，如果不了解社会、历史与人文，那几乎无法成为一个好设计师。因为很多时候客户只知道他需求的感觉，而不知道怎么把这种感觉转化为物化的空间，但是做设计的人非常清楚地知道怎么样把这种感受转化到物化的空间里面。所以设计师要了解在不同的经济变化下人可能的需求。在设计的技术表达里，每一个设计师的设计价值观都会投射出生活中喜爱的东西。

梓人设计公司的发展历程从时间节点与发生环境层面来看，与国内顶尖的室内设计公司相比具有一定的共通性。同时，就创始人颜政的职业经历来看，她的设计公司与设计作品又与她独特的设计魅力分不开。所以，通过本次展览能够了解到中国设计企业的一些好的现象，以及在企业中这类设计师存在的一种方式。

3. 设计理念与设计措施
（1）设计理念

希望"平衡与品位"设计师文献展览策划设计真实地呈现当代国内室内设计行业一流设计师的设计理念、设计构思与设计作品。文献展览呈现板块分为"缘起""设计师""作品""媒介"四个板块。

① "缘起"板块介绍展览缘起背景，简述中国室内设计的发展；

② "设计师"板块简述梓人设计公司与设计师；

③ "作品"板块展示梓人设计公司历年来优秀的设计案例的概念草图、过程图纸与照片；

④ "媒介"板块通过视频展示了设计工具变化给设计带来的影响。

顾与识
产学合作培养研究生佳作集

Retrospecting and Reunderstanding
Collection of Masterpieces of Industry-university Cooperation
Training Graduate Students

（2）设计措施

利用文献本身的冲击力来做展览的呈现，找到文献本身的内在逻辑，用原生态的方法表现文献。展示内容以设计师颜政的设计作品发生的风格演变为线索的相关文献为主，以她的设计观点为辅并用多媒体视频结合的方式来做展览的呈现。其目的是让观众真实地去感受文献本身的魅力而非感受展览空间。

4. 设计配图与描述

"平衡与品位"设计师文献展览板块分为"缘起""设计师""作品""媒介"四个板块。

关于设计师文献展览的观展动线是：观众首先看到的是"缘起"板块的内容，这里是展览的介绍。对展览有了初步的抽象认知后，进入"设计师"板块，这里是梓人设计师的情况介绍，并展示与设计师相关的日常物品，可以了解设计师的价值观与品位。接下来是"作品"板块，在这里可以看到梓人设计公司的设计作品与手稿，主要展示的内容是重庆天钻艺术销售中心、武汉青年路销售中心两个设计项目。通过对比观看案例的概念草图、过程图纸与照片，可以了解到设计师创作的构思。在"媒介"板块可以观看设计工具视频，视频用电视播放的方式，通过视频了解设计工具变化给设计带来的影响。最后观众来到展览后记，结束观展。

5. 设计成果描述

已完成了论文的终稿以及设计展板的排版。

6. 设计技术指标

展览场地拟订的为 35m² 的室内空间，展览中搭设多媒体设备以及展台。文献展览主要是以文字为主，用朴实的方式来呈现展示内容。

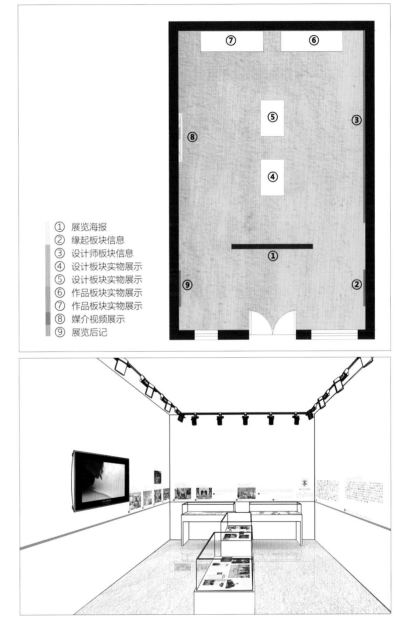

① 展览海报
② 缘起板块信息
③ 设计师板块信息
④ 设计板块实物展示
⑤ 设计板块实物展示
⑥ 作品板块实物展示
⑦ 作品板块实物展示
⑧ 媒介视频展示
⑨ 展览后记

1
2

1 - 展览平面图
2 - 展览效果图

顾与识
产学合作培养研究生佳作集

Retrospecting and Reunderstanding
Collection of Masterpieces of Industry-university Cooperation
Training Graduate Students

延续——延工业文明，续社区活力

Continuity—Renewing Industrial Civilisation, Renewing Community Vitality

荣振霆（北京工作站）

学校：四川美术学院

学校导师：余毅

企业名称：中国中建设计集团有限公司

企业导师：张宇锋

案例说明

社区营造理念下的旧工业厂区景观更新设计研究 案例教学使用说明书

1. 案例教学目标

本案例参加了四川美术学院·中建北京研究生联合培养工作站，导师选定的实际项目为研究载体的课题。通过对本设计实践案例的系统性了解及针对性讨论，希望学生从以下几个方面得到收获：

（1）明确工业遗址的保护、改造与再利用的意义，以此符合并回应当代生态价值观和可持续发展观的要求；

（2）了解基于在社区营造理念下，研究工业厂区保护、改造与再利用的新模式及趋势；

（3）掌握工业遗址保护、改造与再利用的设计策略及方法。

2. 案例讨论的准备工作（以北京通州区原铝厂房为例）

（1）了解北京通州区原铝厂的发展历史；

（2）调研北京通州区原铝厂厂区的现状；

（3）测绘、分析旧厂区的建筑类型及结构特征；

（4）根据项目特性植入社区营造，形成设计概念；

（5）系统研究共享理念环境对人们日常生活、工作的影响。

3. 案例分析要点

本案例翔实描述了对北京通州区原铝厂的设计实践，有助于学生从方案设计的角度对该厂区改造的创新设计进行全面的了解。

首先，在设计初期，通过对铝厂厂区内部与周边环境现状情况的了解，分析旧

顾与识
产学合作培养研究生佳作集

Retrospecting and Reunderstanding
Collection of Masterpieces of Industry-university Cooperation
Training Graduate Students

厂工业特性和未来功能性改变的要求；其次，对周边社区的人群需求以及空间交通流线分析，提出社区营造的景观设计策略；最后，在对设计案例学习的基础上，引导学生就以下方面的问题进行思考：

（1）如何激活旧厂区的活力和学生的想象力；

（2）如何实现旧厂区功能性转变为社区景观空间；

（3）如何改变旧厂区的单一性，并在社区营造理念下形成多样性；

（4）在研究设计方案中，思考以艺术介入的方式使生产性空间转变为人性化空间。

4. 教学组织形式：四堂研习（学堂、课堂、讲堂、会堂）

（1）进入企业转换角色（学堂）

以企业为学堂，以设计师为身份，按照岗位要求严格规范工作行为和完成研习目标，了解企业对人才的需求，认识专业、理解职业，提升学生的综合能力。

（2）以现场为教学环境展开调研、讨论（课堂）

此案例教学安排 26 课时。其中，实地考察 2 天（讨论与确定选题前后各 1 天），案例引入讲授 2 课时，场地空间分析与课题组讨论 4 课时，导师作针对性课堂小结 2 课时。

（3）形成课题组教学（课堂）

在案例讲解前，先让研究生对相关项目进行现场了解，根据学生对项目的关注点和研究意愿进行分组，并开始对案例的相关背景情况进行系统的介绍和分析。可将分析的重点拆分为：旧厂区的空间结构及特点、旧工业厂区改造的案例分析、如何提高旧厂区的空间趣味性、如何针对不同目标实现空间的功能转换、引导学生多角度了解案例的历史背景。

（4）多项目考察（讲堂）

以项目案例研究为授课主导，工作站每周组织企业导师开展导师

师生合影

讲堂，将自己设计的典型案例作分享，多视野和多角度地影响研究生对案例研究的研习思考。同时导师带领课题组，就近选择多个具有代表性的工业遗址改造项目作为案例调研对象，获取更多的知识和方法，学会从社会现象、历史背景和生产生活行为、项目产生的社会作用等方面获取基础资料，这是做研究极为重要的。

（5）案例教学引入（讲堂）

本案例教学要求在每个阶段以 PPT 形式进行 20 分钟以内的研究进展情况汇报，使导师能够在不同阶段了解案例理论研究与设计实践的真实学习状况，重点对案例的"研究方法""设计理念""设计动机""设计方法""设计作用"等方面的思考和创新能力进行指导。对于旧工业厂房改造项目导师给予了多方面的启发和其他相关案例的观摩，并从多方面进行系统性分析，尤其是功能转换和空间转变的处理方法，以及材料运用和新技术采用上有了更多的认识，这些知识在学校的教学中少有涉及，只能在实际案例中获取。

（6）开放式讨论（会堂）

案例讲解后，以小组为单位，对各小组的分析和研究情况进行汇报和交流，并同时展开师生间的开放式讨论。讨论会以现场结合网络远程视频会议的形式展开，对该学生的设计案例进行阶段性评价，对社区营造理念下的旧工业厂区景观更新的设计理论和方法进行深入探讨。

（7）定期会审检查（会堂）

在进入工作站后，四川美术学院将在每期的 10 月中旬和 12 月中旬组织参与院校导师和企业导师一起到工作站，针对每位研究生的课题案例教学情况进行检查。要求研究生们根据自己的学习进度和阶段性成果做前期汇报，并由企业导师和学校导师做教学情况介绍，参会人员根据每位学生的案例研究成果逐一审议点评，并给予下一阶段的

设计汇报

顾与识
产学合作培养研究生佳作集

Retrospecting and Reunderstanding
Collection of Masterpieces of Industry-university Cooperation
Training Graduate Students

学习建议。通过四堂研习的模式，将设计企业、学校、研究生三方围绕项目案例展开创新性教学探索，并引导校企导师从不同角度换位思考人才培养的目的、过程和方法，从不同的关注点引导学生在理论、学术、设计方法、项目目标、经济目的等方面加以重视，促使学生对设计理论研究与实践有更深入的认识和理解。

5. 其他

此案例教学过程中以 PPT 幻灯片案例介绍、导师讲解、现场分析、会审指导为主要教学形式，教学材料多以资料图纸、客户访谈、现状调研、测绘、物料与技术了解等为主。

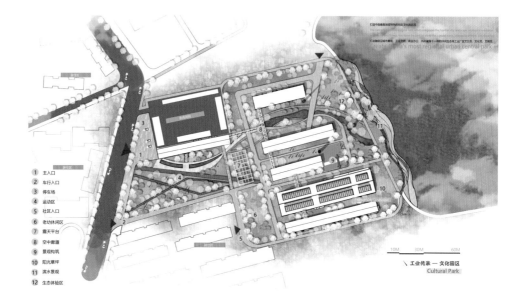

设计策略

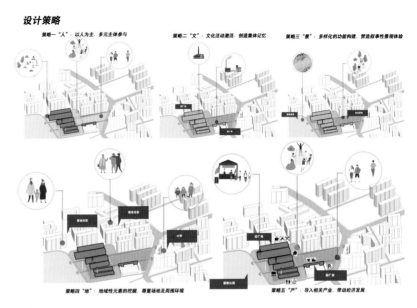

鸟瞰图

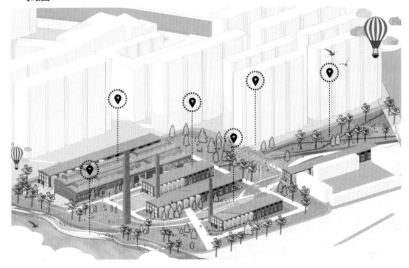

2
1 | 3

1 – 场地平面图
2 – 设计策略
3 – 设计鸟瞰图

顾与识
产学合作培养研究生佳作集

Retrospecting and Reunderstanding
Collection of Masterpieces of Industry-university Cooperation
Training Graduate Students

周围社区活动分析

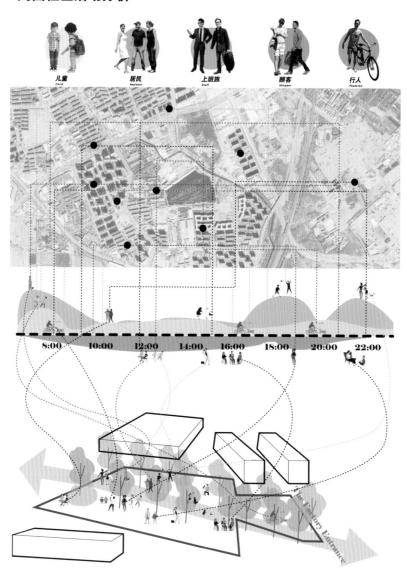

儿童 Child　居民 Resident　上班族 Staff　顾客 Shopper　行人 Passerby

8:00　10:00　12:00　14:00　16:00　18:00　20:00　22:00

设计猜想

基于旧工业厂区的当下与未来进行猜想与思考
Based on the present and future of the old industrial district to guess and think.

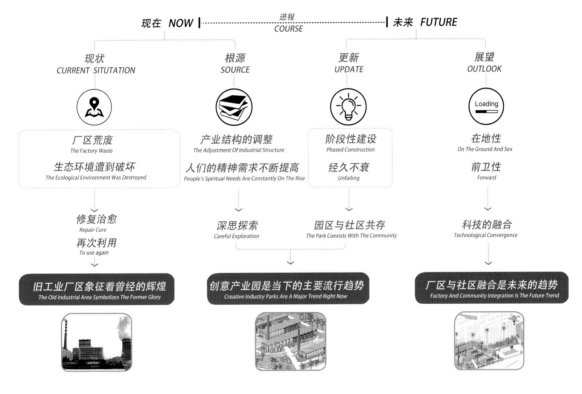

顾与识
产学合作培养研究生佳作集

Retrospecting and Reunderstanding
Collection of Masterpieces of Industry-university Cooperation
Training Graduate Students

生态效果图

滨水景观效果图

入口景观效果图

景观节点效果图

6 - 生态效果图   7 - 滨水景观效果图
8 - 入口景观效果图   9 - 景观节点效果图
10 - 场地剖立面图   11 - 实体模型照片

地下水保护，水循环生态系统
Groundwater Conservation, water cycle ecosystem

休闲/观光/绿地
Leisure / sightseeing / green space

水生植物的建立自然生态系统
Aquatic plants, the establishment of natural ecosystems

水循环
The circulation of water

6 7   10
8 9   11

顾与识
产学合作培养研究生佳作集

Retrospecting and Reunderstanding
Collection of Masterpieces of Industry-university Cooperation
Training Graduate Students

共享 +
——北京通州原铝材厂
旧厂房办公空间改造设计

Shared+
——Office Space Renovation Design for
the Former Aluminium Factory in Tongzhou, Beijing

何嘉怡 (北京工作站)

学校：四川美术学院
学校导师：潘召南
企业名称：中国中建设计集团有限公司
企业导师：张宇锋

案例说明

共享理念下旧厂房办公空间改造设计研究 案例教学使用说明书

1. 案例教学目标

本案例参加了四川美术学院·中建北京研究生联合培养工作站，导师选定的实际项目为研究载体的课题。通过对本设计实践案例的系统性了解及针对性讨论，希望学生从以下几个方面得到收获：

（1）明确工业遗址的保护、改造与再利用的意义，以此符合并回应当代生态价值观和可持续发展观的要求；

（2）了解在共享理念下，研究工业遗址保护、改造与再利用的新模式及趋势；

（3）掌握工业遗址保护、改造与再利用的设计策略及方法。

2. 案例讨论的准备工作（以北京通州区原铝厂旧厂房为例）

（1）了解北京通州区原铝厂旧厂房的发展历史；

（2）调研北京通州区原铝厂旧厂房的现状；

（3）测绘、分析旧厂房的建筑类型及结构特征；

（4）根据项目特性植入共享理念，形成设计概念；

（5）系统研究共享理念环境对人们日常生活、工作的影响。

3. 案例分析要点

本案例翔实描述了对北京通州区原铝厂旧厂房的设计实践，有助于学生从方案设计的角度对该厂房改造的创新设计进行全面的了解。

首先，在设计初期，通过对铝厂旧厂房和周边环境现状情况的了解，分析旧厂房空间特性和未来功能性改变的要求（办公环境）可适性分析；其次，对不同中小

顾与识
产学合作培养研究生佳作集

Retrospecting and Reunderstanding
Collection of Masterpieces of Industry-university Cooperation
Training Graduate Students

企业进入该厂房空间办公的人群需求以及空间交通流线分析，提出共享公共空间的办公改造设计策略；最后，在对设计案例学习的基础上，引导学生就以下方面的问题进行思考：

（1）如何激活旧厂房空间的活力和学生的想象力；

（2）如何实现旧厂房功能性转变为办公空间适应性；

（3）如何改变旧厂房空间的单一性，并在共享设计理念下形成多样性；

（4）在研究设计方案中，思考以艺术介入的方式使生产性空间转变为人性化空间。

小组讨论

4. 教学组织形式：四堂研习（学堂、课堂、讲堂、会堂）

（1）以企业为学堂，进行转换角色（学堂）

以企业为学堂，以设计师为身份，按照岗位要求严格规范工作行为和完成研习目标，了解企业对人才的需求，认识专业、理解职业，提升学生的综合能力。

（2）以项目现场为课堂，展开调研、讨论（课堂）

此案例教学安排 26 课时。其中，实地考察 2 天（讨论与确定选题前后各1天），案例引入讲授 2 课时，场地空间分析与课题组讨论 4 课时，导师作针对性课堂小结 2 课时。

（3）形成课题组教学（课堂）

在案例讲解前，先让研究生对相关项目进行现场了解，根据学生对项目的关注点和研究意愿进行分组，并开始对案例的相关背景情况进行系统的介绍和分析。可将分析的重点拆分为：旧厂房的结构及特点、旧厂房改造的案例分析、如何提高旧厂房的适应性、如何针对不同目标实现空间的功能转换、引导学生多角度了解案例的历史背景。

（4）组织多导师、多项目进行案例分享与调研（讲堂）

以项目案例研究为授课主导，工作站每周组织企业导师开展导师讲堂，将自己设计的典型案例作分享，多视野和多角度地影响研究生对案例研究的研习思考。同时导师带领课题组，就近选择多个具有代表性的工业遗址改造项目作为案例调研对象，获取更多的知识和方法，学会从社会现象、历史背景和生产生活行为、项目产生的社会作用等方面获取基础资料，这是做研究极为重要的。

（5）案例教学引入（讲堂）

本案例教学要求在每个阶段以 PPT 形式进行 20 分钟以内的研究进展情况汇报，使导师能够在不同阶段了解案例理论研究与设计实践的真实学习状况，重点对案例的"研究方法""设计理念""设计动机""设计方法""设计作用"等方面的思考和创新能力进行指导。对于旧厂房改造项目导师给予了多方面的启发和其他相关案例的观摩，并从多方面进行系统性分析，尤其是功能转换和空间转变的处理方法，以及材料运用和新技术采用上有了更多的认识，这些知识在学校的教学中少有涉及，只能在实际案例中获取。

（6）开放式讨论（会堂）

案例讲解后，以小组为单位，对各小组的分析和研究情况进行汇报和交流，并同时展开师生间的开放式讨论。讨论会以现场结合网络远程视频会议的形式展开，对该学生的设计案例进行阶段性评价，对共享理念下的旧厂房办公空间改造的设计理论和方法进行深入探讨。

（7）定期会审检查（会堂）

在进入工作站后，四川美术学院将在每期的 10 月中旬和 12 月中旬组织参与院校导师和企业导师一起到工作站，针对每位研究生的课题案例教学情况进行检查。要求研究生们根据自己的学习进度和阶段性成果做前期汇报，并由企业导师和学校导师作教学情况介绍，参会

设计汇报

顾与识
产学合作培养研究生佳作集

Retrospecting and Reunderstanding
Collection of Masterpieces of Industry-university Cooperation
Training Graduate Students

人员根据每位学生的案例研究成果逐一审议点评,并给予下一阶段的学习建议。通过四堂研习的模式,将设计企业、学校、研究生三方围绕项目案例展开创新性教学探索,并引导校企导师从不同角度换位思考人才培养的目的、过程和方法,从不同的关注点提点学生在理论、学术、设计方法、项目目标、经济目的等方面加以重视,促使学生对设计理论研究与实践有更深入的认识和理解。

5.其他

此案例教学过程中以PPT幻灯片案例介绍、导师讲解、现场分析、会审指导为主要教学形式,教学材料多以资料图纸、客户访谈、现状调研、测绘、物料与技术了解等为主。

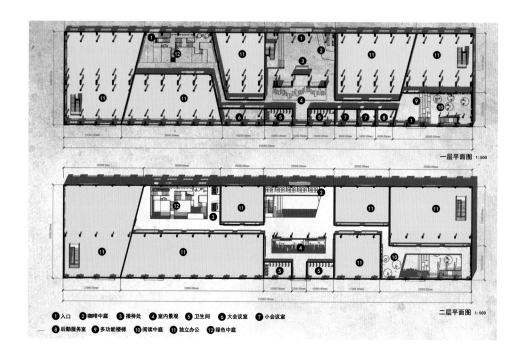

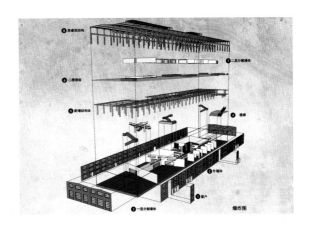

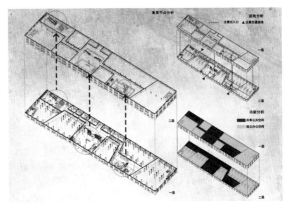

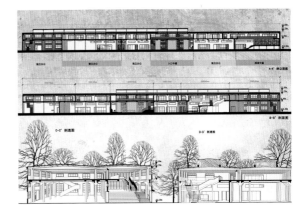

1 | 2
   | 3
   | 4

1 – 平面图
2 – 爆炸图
3 – 分析图
4 – 立面图

顾与识
产学合作培养研究生佳作集

Retrospecting and Reunderstanding
Collection of Masterpieces of Industry-university Cooperation
Training Graduate Students

5 | 6

5 - 入口中庭效果图
6 - 休闲中庭效果图

顾与识
产学合作培养研究生佳作集

Retrospecting and Reunderstanding
Collection of Masterpieces of Industry-university Cooperation
Training Graduate Students

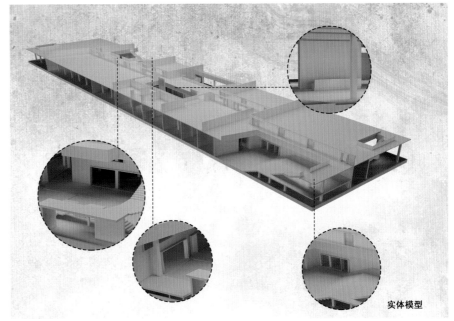

实体模型

| 7 | 9 |
| 8 | 10 |

7 - 多功能空间
8 - 共享休闲空间 1
9 - 共享休闲空间 2
10 - 实体模型

顾与识
产学合作培养研究生佳作集

Retrospecting and Reunderstanding
Collection of Masterpieces of Industry-university Cooperation
Training Graduate Students

『云鸿 · 飞阁』
——北京大兴国际机场航站楼
酒店庭院设计

"Yun Hong · Flying Pavilion"
——Hotel Courtyard Design for
the Terminal Building of Beijing Daxing International Airport

陈心宇〔北京工作站〕

学校：四川美术学院
学校导师：赵宇
企业名称：中国中建设计集团有限公司
企业导师：张宇锋

案例说明

北京大兴国际机场航站楼酒店庭院设计 案例教学使用说明书

1.案例教学目标

本案例参加了四川美术学院·中建北京研究生联合培养工作站，导师选定的实际项目为研究载体的课题。通过对本设计实践案例的系统性了解及针对性讨论，希望学生从以下几个方面得到收获：

（1）了解机场酒店和城市酒店在功能定位和服务配套上的差别；

（2）了解酒店和酒店庭院在功能上的关联性；

（3）掌握酒店庭院的空间形式和功能需求的设计；

（4）探索中式景观的创新设计。

2.案例讨论的准备工作（以新加坡机场酒店和故宫博物院园区景观为例）

（1）了解机场酒店和城市酒店的定位和服务上的差异；

（2）了解新加坡机场和其机场酒店的关联性；

（3）分析航站楼酒店和庭院的功能需求和形式空间的关联性；

（4）以故宫博物院园区景观设计为例，剖析中式风格的部分设计要素和特征；

（5）进行对中式元素引入机场酒店庭院设计的思路分析，形成初步设计概念。

3.案例分析要点

本案例翔实描述了新加坡机场酒店和现代中式景观的设计实践，有助于学生从方案设计的角度对中式航站楼酒店庭院的创新设计进行全面的了解。

首先，在设计初期，对机场航站楼酒店的性质和服务定位进行了解，分析旅客的人群构成和服务需求，制定和设计相应的功能配套；其次，根据北京大兴国际机

顾与识
产学合作培养研究生佳作集

Retrospecting and Reunderstanding
Collection of Masterpieces of Industry-university Cooperation
Training Graduate Students

场的特殊性和战略地位，对配套的航站楼酒店及其庭院提出更符合大国形象和国际化的设计策略。在对设计案例学习的基础上，引导学生就以下方面的问题进行思考：

（1）国际机场的航站楼酒店的目标客户群体和相应的配套服务；

（2）航站楼庭院设计的逻辑主线和其他机场酒店庭院具备的共性特征；

（3）北京大兴国际机场的特点和特殊性在中式庭院景观设计中如何体现；

（4）在研究设计方案中，思考采取与其他中式景观"差异化"的创新型中式风格。

4. 教学组织形式：四堂研习（学堂、课堂、讲堂、会堂）

（1）进入企业转换角色（学堂）

以企业为学堂，以设计师为身份，按照岗位要求严格规范工作行为和完成研习目标，了解企业对人才的需求，认识专业、理解职业，提升学生的综合能力。

（2）以现场为教学环境展开调研、讨论（课堂）

此案例教学安排 26 课时。其中，实地考察 2 天（讨论与确定选题前后各 1 天），案例引入讲授 2 课时，场地空间分析与课题组讨论 4 课时，导师作针对性课堂小结 2 课时。

（3）形成课题组教学（课堂）

在案例讲解前，先让研究生对相关项目进行现场了解，根据学生对项目的关注点和研究意愿进行分组，并开始对案例的相关背景情况进行系统的介绍和分析。可将分析的重点拆分为：北京大兴国际机场的地位及特点、大兴国际机场航站楼酒店的目标客户群体、其航站楼酒店庭院应该具备的功能、具体运用什么类型的中式风格及其原因，引导学生多角度地了解案例的背景和目标。

（4）多项目考察（讲堂）

以项目案例研究为授课主导，工作站每周组织企业导师开展导师讲堂，将自己设计的典型案例作分享，多视野和多角度地影响研究生对案例研究的研习思考。同时导师带领课题组，选择多个具有代表性的机场酒店设计项目作为案例调研对象，获取更多的知识和方法，学会从客户需求、时代背景、国家政策和个性化表达等方面获取基础资料，这是做研究极为重要的。

（5）开展情况汇报，使导师能够在不同阶段了解案例理论研究与设计实践的真实学习状况，重点对案例的"研究方法""设计理念""设计动机""设计方法""设计作用"等方面的思考和创新能力进行指导。对于机场酒店庭院景观设计导师给予了多方面的启发和其他相关案例的观摩，并从多方面进行系统性分析，尤其是功能需求和空间转换的处理方法，以及在材料运用和新旧设计手法的结合上有了更多的认识，这些知识在学校的教学中少有涉及，只能在实际案例中获取。

（6）开放式讨论（会堂）

案例讲解后，以小组为单位，对各小组的分析和研究情况进行汇报和交流，并同时展开师生间的开放式讨论。讨论会以现场结合网络远程视频会议的形式展开，对该学生的设计案例进行阶段性评价，对北京大兴国际机场航站楼酒店庭院设计进行深入探讨。

（7）定期会审检查（会堂）

设计汇报

在进入工作站后，四川美术学院将在每期的 10 月中旬和 12 月中旬组织参与院校导师和企业导师一起到工作站，针对每位研究生的课题案例教学情况进行检查。要求研究生们根据自己学习进度和阶段性成果做前期汇报，并由企业导师和学校导师作教学情况介绍，参会人员根据每位学生的案例研究成果逐一审议点评，并给予下一阶段的学习建议。通过四堂研习的模式，将设计企业、学校、研究生三方围绕项目案例展开创新性教学探索，并引导校企导师从不同角度换位思考人才培养的目的、过程和方法，从不同的关注点提点学生在理论、学术、设计方法、项目目标、经济目的等方面加以重视，促使学生对设计理论研究与实践有更深入的认识和理解。

顾与识
产学合作培养研究生佳作集

Retrospecting and Reunderstanding
Collection of Masterpieces of Industry-university Cooperation
Training Graduate Students

5. 其他

此案例教学过程中以 PPT 幻灯片案例介绍、导师讲解、现场分析、会审指导为主要教学形式，教学材料多以资料图纸、客户访谈、现状调研、测绘、物料与技术了解等为主。

	2	3
1	4	5

1 – 鸟瞰图
2 – 入口景观效果图 1
3 – 入口景观效果图 2
4 – 集散空间 1
5 – 集散空间 2

顾与识
产学合作培养研究生佳作集

Retrospecting and Reunderstanding
Collection of Masterpieces of Industry-university Cooperation
Training Graduate Students

顾与识
产学合作培养研究生佳作集

Retrospecting and Reunderstanding
Collection of Masterpieces of Industry-university Cooperation
Training Graduate Students

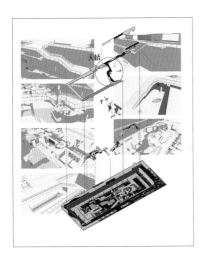

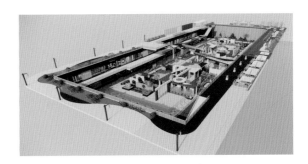

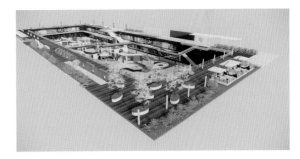

10	12	13
11		14
		15
		16

10 - 商业空间 3
11 - 中式庭院
12 - 下沉式庭院空间构成分析图
13 - 下沉式庭院 1
14 - 下沉式庭院 2
15 - 下沉式庭院 3
16 - 下沉式庭院 4

听风之域
——基于人景交互的未来园区景观

The Field for Listening to the Wind
—— Future Park Landscape Based on Human Landscape Interaction

赵雪岺（北京工作站）

学校：中央美术学院
学校导师：王铁
企业名称：中国中建设计集团有限公司
企业导师：张宇锋

案例说明

交互视角下高科技产业园区景观的设计与研究 案例教学使用说明书

1. 案例教学目标

通过对本设计实践案例的系统性了解及针对性讨论，希望学生从以下几个方面得到收获：

（1）了解当代产业园区设计的智慧化趋势和要点；

（2）索引思考景观设计手法对塑造高科技产业园区个性的影响；

（3）激发探索交互设计理念在多领域的应用模式；

（4）掌握解决产业园区景观空间趋同化的方法。

2. 案例讨论的准备工作（以北京通州高科技产业园区为例）

（1）搜索总结北京通州高科技产业园区所在场地的发展历程；

（2）调研场地现状；

（3）测绘、分析场地中旧厂房的建筑类型及结构特征；

（4）根据研究方向推敲交互性景观在高科技产业园区中实现的可能性；

（5）提出简要的设计思路和设计策略。

3. 案例分析要点

本案例翔实描述了对北京通州高科技产业园区的设计实践，有助于学生从方案设计的角度对该园区景观设计的过程进行全面了解。

首先，在设计初期，通过对高科技产业园区进行的资料整合、实地调研等工作，分析出产业园区的受众群体及其特性和需求；其次，结合在原场地中的体验感提出设计一种与人有紧密联系的"人景交互"式景观；最后，根据设计概念对场地进行

顾与识
产学合作培养研究生佳作集

Retrospecting and Reunderstanding
Collection of Masterpieces of Industry-university Cooperation
Training Graduate Students

进一步的规划和设计。在对设计案例学习的基础上，引导学生就以下方面的问题进行思考：

（1）未来的高科技产业园区需要什么样的景观；

（2）景观设计对园区形象塑造的作用和意义；

（3）如何在现有规划方式的基础上通过景观手法的变化促使人的行为习惯和交流变得多样和灵活；

（4）如何有效利用多种设计媒介达到艺术性与实用性的平衡。

4. 教学组织形式

（1）课程前提与准备

通过校企合作的方式使学生进入企业，并由企业提供实际项目与研学场地。学生需提前做好调研报告的准备和了解撰写要求。

（2）课时安排与课后任务

此案例教学安排共 7 天，课程周期为四周。

第一周：2 天教学安排。第 1 天为企业内学习，详细了解不同项目的工作流程、特点和进度，熟悉工作环境中所需的理论知识与实践能力，确立项目选题，罗列调研纲要；第 2 天为项目考察，通过实地调研收集相关资料，根据调研纲要完成调研目标。本周课后任务为：①根据所选项目搜集基础资料，进行图示化表达；②完成调研报告，提出具备可行性的 3 个设计议题。

第二周：3 天教学安排。第 1 天对第一周的工作任务作汇报，根据汇报情况作开放式讨论并引导学生选择一个设计议题进行深入；第 2 天企业导师进行授课，指出学生思考方向与实际项目之间的异同点，统计学生即将深入的设计方向并进行分组；学生可用 1 天时间完成以下任务：①总结企业导师授课内容。②根据议题查找 5 个以上国内外成熟案例；第 3 天分组完成案例汇报，并进行组内头脑风暴，课后做

师生合影

翔实总结。本周课后任务为：对设计议题进行深入，提炼设计策略，敲定设计方法，完成初步设计。

第三周：1天教学安排。学生进行分组汇报，校内导师与企业导师进行中期成果检查，并提出意见和建议，指导学生完成最终设计成果。本周课后任务为：完成设计内容。

第四周：1天教学安排。学生进行设计成果汇报，校内导师与企业导师进行成果检查和点评，并展出相应成果。本周课后任务为：完成一篇完整的设计报告。

（3）课程中应用到的研究方法

①调研考察

对高科技园区进行实地调研，并列调研提纲。在调研结束后做梳理总结，提出对景观设计具有指导性的关键词。

②开放式讨论

汇报调研成果和议题方向后，导师和学生共同展开讨论。

③分组教学

为便于针对性地教学和拓展学生间的交流，对相同或相似设计方向的学生进行分组教学。

④案例分析

借助互联网渠道搜索近 3-5 年内高科技产业园区的景观设计与优化方案，并做详细的梳理，提取与设计方向相关的案例，做纵横比较与案例分析。

（4）课程重点与难点

该案例教学中，调研阶段作为串联整个教学过程的线索具有不可忽视的作用，需要学生提前掌握调研的相关方法以及调研纲要、报告的撰写要求。

该案例教学中，企业导师的授课方式不做严格限定，可为案例分

设计汇报

顾与识
产学合作培养研究生佳作集

Retrospecting and Reunderstanding
Collection of Masterpieces of Industry-university Cooperation
Training Graduate Students

享或建成项目考察等不同形式，但应涉及景观设计领域中的要解决的技术、工艺流程等问题，并及时补充新技术、新材料等相关知识，以引导学生更好地衔接社会生产现状。

该案例教学中，学生查找的案例需要从"痛点总结""设计思路""设计方法""设计价值""技术工艺""实际建造效果分析"等方面作出分析，并提炼项目关键词，总结案例对自己的启发。

该案例教学时间紧凑，任务量适中，可根据学生实际情况适当延长课后任务时间。

该案例教学以校企合作方式为先导，在实际教学应用中可有机调整研学场地。

5. 案例研究意义

本案例对高科技产业园区景观设计的研究结合了"交互设计"理念的方法与原则，为研究提供了新的视角。交互设计的核心概念强调以用户为中心的设计和合理使用，与园区景观空间优化设计的中心思想相吻合，即寻找突破性解决景观空间趋同化的方法，因此研究的重点放在对景观的互动性设计探索与园区空间的优化研究上，在理论与实践方面具有重要的意义。

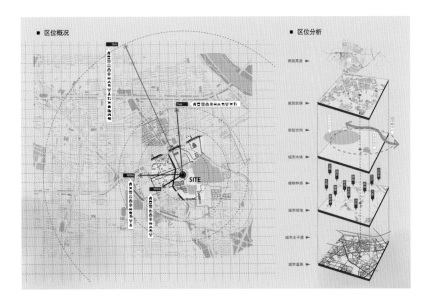

1
2

1 – 区位概况
2 – 调研与体验

顾与识
产学合作培养研究生佳作集

Retrospecting and Reunderstanding
Collection of Masterpieces of Industry-university Cooperation
Training Graduate Students

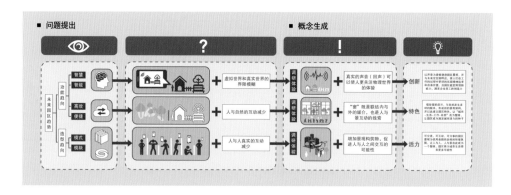

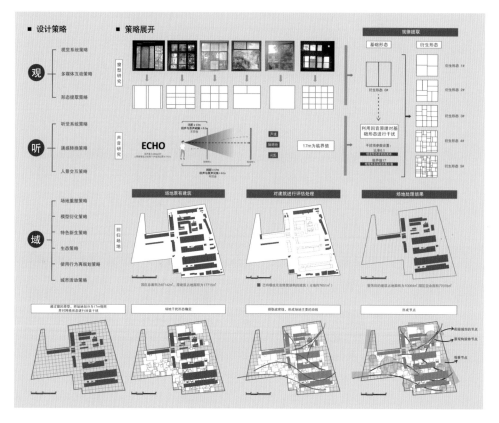

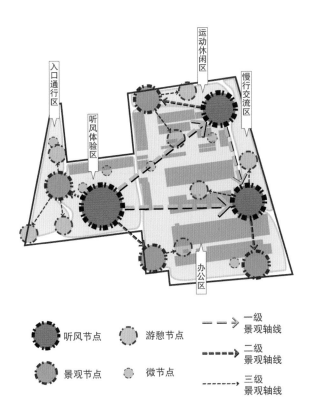

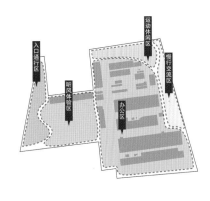

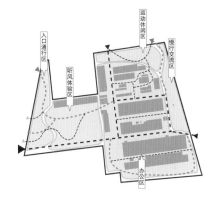

听风节点　　　游憩节点　　　一级景观轴线

景观节点　　　微节点　　　二级景观轴线

三级景观轴线

3 | 5 6
4 | 7

3 - 概念生成
4 - 设计策略
5 - 节点与轴线
6 - 功能分区
7 - 交通

顾与识
产学合作培养研究生佳作集

Retrospecting and Reunderstanding
Collection of Masterpieces of Industry-university Cooperation
Training Graduate Students

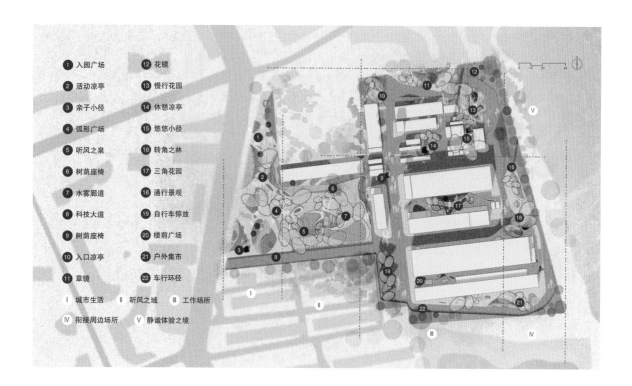

1 入园广场   12 花镜
2 活动凉亭   13 慢行花园
3 亲子小径   14 休憩凉亭
4 弧形广场   15 悠悠小径
5 听风之泉   16 转角之林
6 树荫座椅   17 三角花园
7 水雾廊道   18 通行景观
8 科技大道   19 自行车停放
9 树荫座椅   20 楼前广场
10 入口凉亭   21 户外集市
11 草镜   22 车行环径

I 城市生活   II 听风之域   III 工作场所
IV 衔接周边场所   V 静谧体验之境

8 | 9
10

8 – 总平面图
9 – 分层图
10 – 构筑物生成

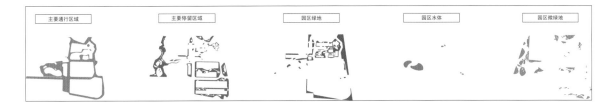

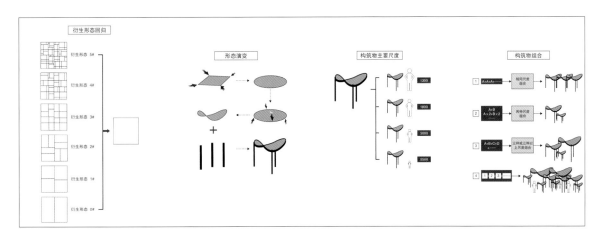

顾与识
产学合作培养研究生佳作集

Retrospecting and Reunderstanding
Collection of Masterpieces of Industry-university Cooperation
Training Graduate Students

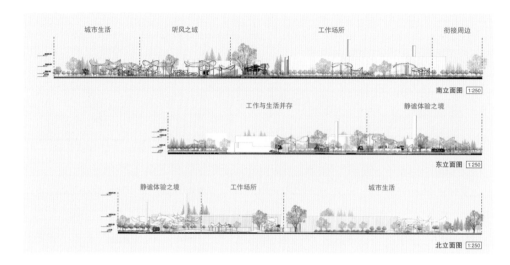

城市生活　　听风之域　　　　　工作场所　　　衔接周边
南立面图 1:250

工作与生活并存　　　　静谧体验之境
东立面图 1:250

静谧体验之境　　工作场所　　　城市生活
北立面图 1:250

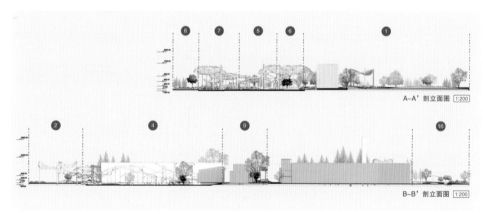

A-A' 剖立面图 1:200

B-B' 剖立面图 1:200

顾与识
产学合作培养研究生佳作集

Retrospecting and Reunderstanding
Collection of Masterpieces of Industry-university Cooperation
Training Graduate Students

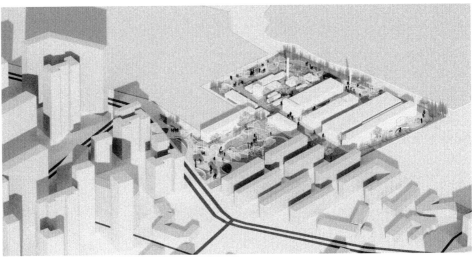

2 0 1 8 – 2 0 1 9

四川美术学院联合校企培养工作站（第五届）
学生佳作

Students' masterpieces of the Fifth Session of the Joint
School-enterprise Training Workstation of Sichuan
Academy of Fine Arts (2018-2019)

顾与识
产学合作培养研究生佳作集

"跨区域、跨校际、跨行业"研究生联合培养基地案例库建设
深圳·北京校企艺术硕士研究生联合培养基地
产教融合与设计创新

Retrospecting and Reunderstanding
Collection of Masterpieces of Industry-university Cooperation Training
Graduate Students

"Cross Regions, Cross Universities, Cross Industries" Construction of the
Case Base of Graduate Joint Training Base / The University-enterprise
Joint Training Base of Shenzhen & Beijing for Art Major Postgraduates /
Integration of Education and Design Innovation

顾与识
产学合作培养研究生佳作集

Retrospecting and Reunderstanding
Collection of Masterpieces of Industry-university Cooperation
Training Graduate Students

无远弗届
——办公环境生态概念设计

Going the Extra Mile
——Ecological Concept Design for the Office Environment

戴阎呈（深圳工作站）

学校：西安美术学院
学校导师：周维娜
企业名称：深圳广田装饰集团设计院
企业导师：孙乐刚

设计说明

如今，办公空间设计面临着新的机遇和挑战。一是人们开始向往更加自然的办公场所；二是生态意识逐渐地被大众重视。所以，探索资源可循环的办公环境至关重要。从生态、可持续发展的思路出发，基于生态建筑学理念来讨论室内环境设计的新方式，从而满足当代人们对舒适健康的办公空间环境的追求。

现代办公环境一般都是多功能办公综合体，其基础设施的构成趋于成熟。现代办公空间普遍由办公区、接待区、过境区、服务区和辅助设备区构成。而生态办公环境则是在普通办公环境构成要素的基础上更加考虑到人性化，以及更加遵循资源可循环的设计理念。

首先，在这些构成要素之上，生态办公环境在空间结构上更加考虑低能耗以及生态性的布局方式，例如大型的中庭、空中庭院或者边庭为公共活动区域，解决功能性问题的同时也缓解了办公空间内能源消耗问题。其次，可转化功能性的灵活共享式空间为主要办公区，缓解了人员在不同时期需要不同功能性空间的问题。最后，在功能性构成上也更加考虑到人员需求，普通的办公环境配套服务空间多为参考室、档案室、印刷室、食品室等，而在生态办公空间中需要考虑的是人多元化的需求，例如独立休息室、图书室、咖啡厅、水吧、路演区、培训区、健身区、讨论区等一系列的新型配套服务空间构成。

目前，建设生态节能型的办公空间已成为一种趋势。特别是节能技术在室内和室外空间中的应用。我们全面、系统和预先判断的使用各种节能措施，研究出了一种将其与建筑空间、造型和细节有机结合的方法，这将探索基于集成设计的现代绿色办公楼的创建。生态概念下产生的社会价值、文化价值、经济价值和实践价值与

顾与识
产学合作培养研究生佳作集

Retrospecting and Reunderstanding
Collection of Masterpieces of Industry-university Cooperation
Training Graduate Students

办公环境的发展密切相关。希望生态办公环境的应用能够从物质和精神上都满足使用者的需求，对办公设计领域提供一条新的探索途径，这也是城市建筑和生态环境发展的未来方向。本设计从办公发展的时代背景出发，概述了其发展历程，探索了生态概念下办公环境设计的具体方案。

1- 分析图

顾与识
产学合作培养研究生佳作集

Retrospecting and Reunderstanding
Collection of Masterpieces of Industry-university Cooperation
Training Graduate Students

2
3 | 5
4

顾与识
产学合作培养研究生佳作集

Retrospecting and Reunderstanding
Collection of Masterpieces of Industry-university Cooperation
Training Graduate Students

山水屏断
——福州东湖万豪酒店室内设计

Discontinuity of Landscape
——Interior Design of Fuzhou East Lake Marriott Hotel

王常圣（深圳工作站）

学校：天津美术学院
学校导师：彭军
企业名称：PLD 刘波设计顾问有限公司
企业导师：刘波

设计说明

　　本项目位于福建省福州市东湖数字小镇，设计场地为该地区配套搭建的万豪酒店。我收集了当地比较有特色的人文特征、文化风俗、建筑形式及自然环境，了解到于山、乌山、平山、闽江，也就是福州最有特色的三山一江，还有三坊七巷、茉莉花以及当地盛产的茶叶等等。在收集资料的过程中，我想要做的设计也基本有了轮廓。我觉得这个空间可以尝试着去体现山水之美与茶文化。

　　大堂、总统套、茶室的灵感都来自于福州的人文和环境。主题"山水"取福州三山一江，"屏断"则是深挖山水内涵去做东方气质的延伸。山是厚德载物，水是利万物而不争，吧台取其山厚重之质感，屏风取其山色山形。空间立面线条挺拔向上，灯具则化形为水之轻盈灵巧。整体空间叙述山高水深的意境氛围。在凸显山水之意的过程中取意不取形，通过空间的切割、氛围的营造、尺度与比例的关系以及色彩搭配来凸显山水的寂静之美，整体设计立足于万豪酒店的国际化商务特性，在材料与设计手法上更多地倾向于现代特质，结合"山水屏断"试图用最少的元素去打造东方气质的国际化商务酒店空间。

茶室之道

山水之趣

顾与识
产学合作培养研究生佳作集

Retrospecting and Reunderstanding
Collection of Masterpieces of Industry-university Cooperation
Training Graduate Students

海洋的气质与血统

隔断屏风

在设计的呈现上追求"少即是多"，尽可能少地使用元素和图案，尝试着去符号化，弱化中式符号在空间中的比重，利用对风格与设计的理解去凸显空间内在的气韵。

在设计酒店的茶室空间时，我规定了一种新的、遮挡的观看方式。这个观念是从琚宾老师那里得来的，在琚宾老师给我们工作站学生讲座时，他曾提到其设计的一个公共建筑，里面有一扇窗户，这扇窗户坐着的时候可以看到海，站起来是看不到的，从而间接规定了一种观看方式，当时我感觉这种方法是很有意思的，但我并不清楚这样做的意义在哪儿，当自己去做这样的尝试时才有新的体会和发现。

我这里设定的档，是遮挡而不是阻挡，遮，是犹抱琵琶半遮面。茶室空间中的屏风是透的，隔断也是透的，相互叠加的是层次关系，更多的层次关系形成了丰富的节奏与空间体验，所以说，这里的遮，其实就是为了更好的看。不仅仅是看向户外的遮挡，空间里面的观看角度也都有遮挡。镜面的、半透的遮挡方式一面划分了空间，另一面又穿透了空间，它赋予了空间更多的可能性与意义。

从中我也体会到，人的观看就像在思考，只有改变人的观看方式，才有可能改变人的思考方式。无论是茶室空间抑或大堂、大堂吧、套房都在围绕着体验去展开设计，我觉得创造一种体验不仅仅是设计师的责任，更是一种使命。

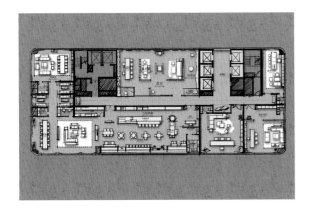

1	2	1－茶室平面图
		2－茶室效果图（局部）
3		3－茶室效果图

颐与识
产学合作培养研究生佳作集

Retrospecting and Reunderstanding
Collection of Masterpieces of Industry-university Cooperation
Training Graduate Students

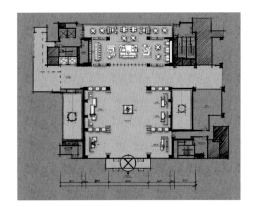

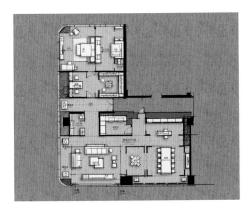

顾与识
产学合作培养研究生佳作集

Retrospecting and Reunderstanding
Collection of Masterpieces of Industry-university Cooperation
Training Graduate Students

基于特色传统文化的设计模式研究
——以大理悦榕庄酒店设计为例

Research on Design Patterns Based on Special Traditional Cultures
——Taking Design of Banyan Tree Dali Hotel as an Example

朱楚茵（深圳工作站）

学校：清华大学
学校导师：张月
企业名称：YANG 设计集团
企业导师：杨邦胜

基于特色传统文化的设计模式研究——以大理悦榕庄酒店设计为例 / 朱楚茵
Research on Design Patterns Based on Special Traditional Cultures
— Taking Design of Banyan Tree Dali Hotel as an Example / Zhu Chuyin

设计说明

1. 特色传统文化设计模式与研究

　　千篇一律的酒店传统文化设计模式已经满足不了人们在酒店体验中的精神享受和情感需求，当下的人们希望得到更多的地域文化及人性化用户体验。在这样的背景下，"地域性"设计模式如何在空间中展现地域文化成为一个热门话题。本次设计将通过特色传统文化研究去探索文化视野下酒店设计模式与设计手法，对现代的设计观念和空间需求做一个重新的整合。并以大理悦榕庄酒店为例，通过相关理论简析和田野调查对地域性文化进行深入分析，结合地域文化手法与社会"多元化"趋向，整合与归纳酒店设计中的设计模式表现手法，针对大理悦榕庄酒店设计提出具体策划方案。

2. 设计方法

　　通过对大理的传统文化进行分析，对当地扎染工艺的详细解读，并对其采集的材料大小、色彩、图案、流程进行分类。对应酒店空间的体量和属性的应用，进行模式化的重组，形成多种搭配方式。通过设计模式的重新组合，手工艺与住户流程相配合，来整体引入居住者的思维，让其有充分的体验感和舒适感。

项目区位

3. 设计范围与规划

　　设计场地位于中国云南省大理州大理市海东镇下河北山，梦云南海东方内，酒店西面洱海，南靠海东新城中心区，东面毗邻海东一号公路，北至海东国际旅游度假区中心腹地。属于海东国际旅游度假开发区的起步位置。其位于洱海东岸，面对 260km² 的宽阔水

顾与识
产学合作培养研究生佳作集

Retrospecting and Reunderstanding
Collection of Masterpieces of Industry-university Cooperation
Training Graduate Students

域，湖面 25°斜坡，享有面面洱海之美。

在整体的建筑体块规划中，利用地形而形成的层层退台，使得所有客房和公共区域都可以享受到洱海的最佳景观。由于层层退台的处理，使得每间客房都有机会享受到屋顶花园。为了保证每间客房的私密性，建筑方利用了挡墙及树木遮挡等处理手法使得每间客房都能够拥有自己独立的私密花园，面朝洱海的半室外观景区域。

在景观方面，主要有屋顶花园、内部庭院、仰望星空、石头景观墙等。石头景观墙主要作为外界的景观墙，在材料上烘托当地的地域环境及周边的自然地貌，有利于对内部打造出宁静与自然的度假气氛。仰望星空作为星空吧的主要观景元素，着重打造夜晚星空与室内融合的浪漫气氛。而屋顶花园可以有效地将景观融入室内中，带来苍山洱海融为一体的生活体验，让建筑与自然中形成共鸣。

室内设计方面，设计概念是：品茶—听海—摘星。酒店整体以扎染传统工艺为载体，围绕传统工艺模式植入每个体验环节，意在打造一个以大理文化为特色的精品酒店。

1
2
3

1 – 大堂空间效果图 1
2 – 大堂空间效果图 2
3 – 大堂空间效果图 3

基于特色传统文化的设计模式研究——以大理悦榕庄酒店设计为例 / 朱楚茵
Research on Design Patterns Based on Special Traditional Cultures
— Taking Design of Banyan Tree Dali Hotel as an Example / Zhu Chuyin

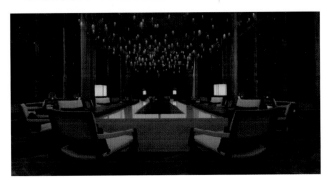

顾与识
产学合作培养研究生佳作集

Retrospecting and Reunderstanding
Collection of Masterpieces of Industry-university Cooperation
Training Graduate Students

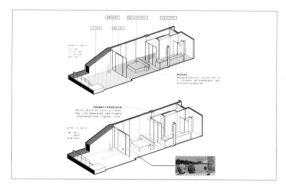

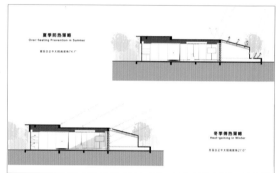

4　5　6

4 – 卧室分析图 1
5 – 卧室分析图 2
6 – 客房空间效果图

基于特色传统文化的设计模式研究——以大理悦椿庄酒店设计为例 / 朱楚茵
Research on Design Patterns Based on Special Traditional Cultures
— Taking Design of Banyan Tree Dali Hotel as an Example / Zhu Chuyin

顾与识
产学合作培养研究生佳作集

Retrospecting and Reunderstanding
Collection of Masterpieces of Industry-university Cooperation
Training Graduate Students

丝路花舞，西域明珠
——乌鲁木齐·紫金郊野公园
景观规划设计

Flower Dance of Silk Road, Pearl of the West
——Urumqi Zijin Countryside Park Landscape Design

王泽（深圳工作站）

学校：四川大学
学校导师：周炯焱
企业名称：深圳广田装饰集团设计院
企业导师：严肃

设计说明

  项目位于乌鲁木齐市沙依巴克区西南，在城市绿地系统中属于城市防护绿地范围的其他生态绿地，离市中心直线距离约13km。项目地势变化相对缓和，南望可见天山余脉，紧邻桌子山、九龙生态园，景观层次良好。东北部为居住用地，人流量较大，生活配套相对完善，西北与东南方向为工业用地，工业污染对周边环境造成一定影响。自2016年，政府计划在该处打造3000亩郊野公园与640亩原生湖泊相结合的新型功能主题公园，以此改善区域自然环境与工业污染，并通过综合业态的开发利用促进城郊旅游接待业的发展。

  本案设计占地18亩，区域内部地形平坦、土壤肥力良好，利于植物生长，需要针对景观敏感度及景观阈值进行空间布局。首先，由于项目东部工业区与冬季东北、东南风影响，对项目内部空间的空气、土壤、水源造成一定影响，为生态敏感区域。因此，可以通过规划防护林保护内部空间要素，建立东部核心保护区，以此实现冬季防风抗寒、涵养水土以及防止工业污染影响公园内部生态系统的作用。

  其次，南部相接的九龙生态公园二期工程目前处于待建阶段，内部土壤污染较为严重，区域生态连贯性较差。因此，可以将公园南部规划为缓冲区域，通过设置防护林与商业配套服务相结合的方式，引入社会资金，在生态优先的原则上适度进行开发建设，保护南部生态脆弱的现状问题，实现紫金公园与九龙生态园整体规划，形成连贯有序的区域生态防护格局。

  最后，项目西部、北部土地敏感度较低，紧邻桌子山、人工湖，景观资源良好，内部贯穿一条自北向南的原始道路。因此，可以进行相应的业态开发与综合利用，通过引入地域特色瓜果培育、民俗体验、文教康乐等服务，打造体验业态复合型、

顾与识
产学合作培养研究生佳作集

Retrospecting and Reunderstanding
Collection of Masterpieces of Industry-university Cooperation
Training Graduate Students

生态环境可持续、民族地域独特性、产业结构多元化的美学化自然景观、地域化民俗风情、时尚化场景体验、多元化商业活动和系统化服务配套，在生态、文化保护的基础上实现业态经济的合理开发，从而促进城郊生态旅游业的协同发展。

本案设计将在郊野公园空间布局的基础上充分运用地域特色绿植品类，营造美学化的自然景观。

首先，本案设计将内部空间规划为以葡萄酒庄为主导的醇香经济、以薰衣草花田为主导的芬香经济、以葡萄培育园为主导的鲜香经济和以云杉林场为主导的幽香经济为主要服务配套。通过生态观光、文化科普、度假餐饮、工艺制作等体验活动实现地域物态资源通过文化消费模式产生间接经济效益的规划目的，并以此丰富业态结构，为景观功能布局的深化创造空间基底。

其次，建立完善的公共服务设施与反馈服务配套。由于公园开发规模较大，且区域生态敏感程度参差不齐，需要根据各经济链区域设计相应的导视、卫生、休憩等设施，以此保障游览的安全性与有序性。此外，林场保护区与缓冲区规划用于检测、科研、修复生态系统的保育反馈配套，保护区域自然样本。开放区入口处规划综合服务区与园务管理区，为游客提供信息咨询、游程讲解、寄存休憩等接待服务，并通过园务管理反馈配套保障园区的健康可持续运营。

内部空间由花田序列空间、果园序列空间、酒庄序列空间组成的开放区与林场序列空间为主的保护区与缓冲区构成。

本案设计的动线规划通过道路分级和节点串联规定游览者的体验秩序与视域变化，从而产生不同的情绪感受与情感体验。

景观节点主要由各功能主题的广场、水景及特色体验空间构成。

01/ 主入口	11/ 酒庄博物馆	21/ 科普温室	31/ 林间广场
02/ 园内入口	12/ 紫金酒庄	22/ 服务中心	32/ 林间客房
03/ 游客中心	13/ 地下酒窖	23/ 滨水客房	33/ 林间看台
04/ 迎宾草坪	14/ 品酒室	24/ 云杉林场	34/ 丛林树屋
05/ 薰衣草花海	15/ 酒庄工坊	25/ 湖间泳池	35/ 生态绿阶
06/ 科普花园	16/ 果园工坊	26/ 水镜印林	36/ 迎宾广场
07/ 花田装置	17/ 葡萄果园	27/ 听水步道	37/ 展演广场
08/ 星空宴会	18/ 果园农庄	28/ 草原客房	38/ 酒庄广场
09/ 水晶餐吧	19/ 果园水吧	29/ 草原廊房	39/ 绿荫大道
10/ 花田工坊	20/ 果园餐吧	30/ 林间水吧	40/ 园外环道

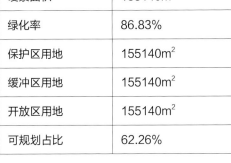

用地总面积	178652m²
景观面积	155140m²
硬景面积	155140m²
绿化率	86.83%
保护区用地	155140m²
缓冲区用地	155140m²
开放区用地	155140m²
可规划占比	62.26%

1 - 总平面图

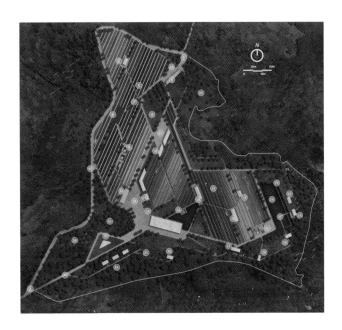

核心区： 承载特殊自然样本、濒危物种及水土敏感地带的保护与监测，禁止对外开放，基本保持自然状态
缓冲区： 过渡地带，允许开展适度的科普教育活动，在科研观测与提高生物多样性基础上可以进行适当改造
开放区： 土地敏感度较低，可以开展观光、娱乐、野餐、教育等康乐游憩活动与管理服务，自然或半自然状态

顾与识
产学合作培养研究生佳作集

Retrospecting and Reunderstanding
Collection of Masterpieces of Industry-university Cooperation
Training Graduate Students

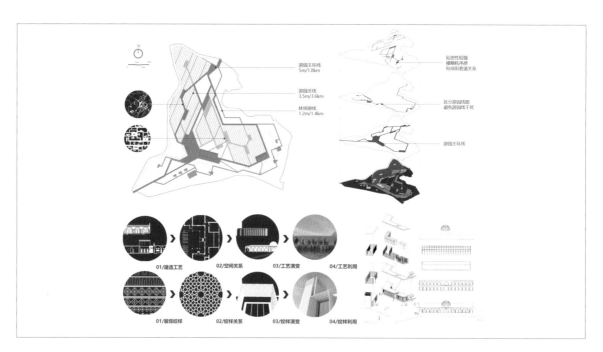

01/ 软硬景观要素分析

02/ 微域分析

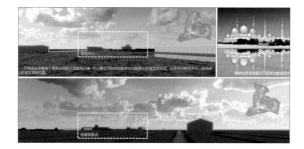

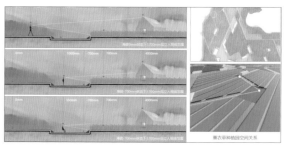

  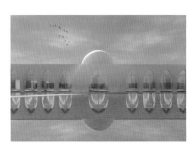

2 ｜ 7 8 9
3 4 ｜ 10 11 12
5 6

顾与识
产学合作培养研究生佳作集

Retrospecting and Reunderstanding
Collection of Masterpieces of Industry-university Cooperation
Training Graduate Students

顾与识
产学合作培养研究生佳作集

Retrospecting and Reunderstanding
Collection of Masterpieces of Industry-university Cooperation
Training Graduate Students

贵州洛安江生态文明示范区二期 景观规划设计

Landscape Design for the Second Phase of the Luo'an River Ecological Civilisation Demonstration Zone in Guizhou

唐瑭（深圳工作站）

学校：四川美术学院

学校导师：龙国跃

企业名称：深圳文科园林规划设计研究院

企业导师：程智鹏

贵州洛安江生态文明示范区二期景观规划设计 / 唐璟
Landscape Design for the Second Phase
of the Luo'an River Ecological Civilisation Demonstration Zone in Guizhou / Tang Tang

设计说明

贵州洛安江生态文明示范区位于贵州省遵义市绥阳县，地处洋川河与洛水河的交汇之处，涉及风华村与牛心村两大村落，紧邻遵绥高速，距离绥阳县城 12 公里。整个示范区占地面积约 3000 亩，水系长度约为 6km，分多期打造。

本次设计范围位于示范区西北部，占地面积约 580 亩，属于二期工程。该片区为洛安江生态文明示范区提供现代农业、田园栖居、休闲娱乐的场所，属于田园综合体范畴。贵州洛安江生态文明示范区二期景观规划设计关键词为体验设计、新生活美学、田园综合体。其中，设计内容主要包括贵州洛安江生态文明示范区二期景观规划以及场地内生活美学中心景观设计两部分。

贵州洛安江生态文明示范区二期景观规划设计结合绥阳县的"诗乡文化"与"农耕文化"，以"新生活美学"为出发点，以"体验"为核心，确立以充满诗意与农耕生活美学的新田园景观为主题形象，通过丰富的体验产品与乡村文创的植入，形成田园综合体农耕生活美学意象，从而展现植根土地与人情的真实之美，引发游客与田园综合体之间更深层次的情感互动。

从总体功能结构来讲，整个示范区分为两大片区，即山林片区、水田片区；两条景观带，即林田景观带、亲水景观带；五大体验中心，即乡野美学中心、生活集市中心、田园农庄中心、农业嘉年中心、渔趣民乐中心。基于功能结构，围绕田园生活体验、田园生态体验、田园生产体验、科教体验，场地内分布了三条体验游线，即以山、水、田自然风光观光体验为主的风景观赏路线；参与体现诗歌文化与民俗节气、民俗文化体验为主的田园诗歌路线；体验乡土新生活美学的生活美学路线。

顾与识
产学合作培养研究生佳作集

Retrospecting and Reunderstanding
Collection of Masterpieces of Industry-university Cooperation
Training Graduate Students

在体验模式上，为了扩展体验维度，示范区结合文化创意产业采用线上、线下相结合的方式，除实地体验外，还包括了 APP 运营，以及融入 CSA 农业体验模式互联网平台。

新生活美学馆作为洛安江生态文明示范区的重要景观节点，位于生活体验路线上。整个新生活美学体验中心分为场馆体验片区与室外活动片区两大核心部分，通过场馆体验区与室外活动区的结合，再现了农耕生活美景、重塑了乡土生境，并通过手工作坊、乡村书坊以及国学课堂展现了当代生活与乡土文化的结合，从而为游客，更为村民提供一个感受新生活美学与农耕生活美学交织的集会场所。具体设计中从场地的在地性出发，通过对生活美学馆与田园集会场地的设计形成农耕文化与现代美好生活的碰撞，从而让乡民与游客"回归感性""回归真善""回归和谐""回归诗意"。

1
2

1 - 总平面图
2 - 体验地图

贵州洛安江生态文明示范区二期景观规划设计 / 唐瑭
Landscape Design for the Second Phase
of the Luo'an River Ecological Civilisation Demonstration Zone in Guizhou / Tang Tang

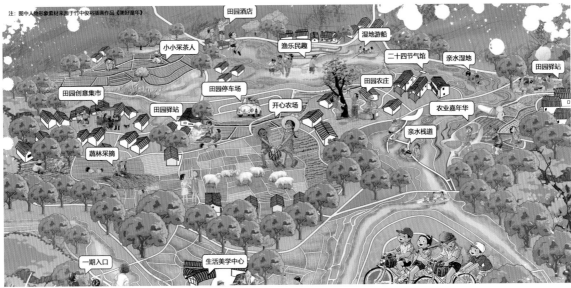

注：图中人物形象素材来源于竹中俊裕插画作品《美好童年》

顾与识
产学合作培养研究生佳作集

Retrospecting and Reunderstanding
Collection of Masterpieces of Industry-university Cooperation
Training Graduate Students

3   6
4 | 7 8 9
5

3 – 苗绣和竹编手工坊
4 – 乡村书坊
5 – 国学学堂
6 – 亲水木平台
7 – 玻璃廊道
8 – 跌水景亭
9 – 体验馆下沉通道

贵州洛安江生态文明示范区二期景观规划设计 / 唐聘
Landscape Design for the Second Phase
of the Luo'an River Ecological Civilisation Demonstration Zone in Guizhou / Tang Tang

顾与识
产学合作培养研究生佳作集

Retrospecting and Reunderstanding
Collection of Masterpieces of Industry-university Cooperation
Training Graduate Students

师承于古·重构与今
——雅安蒙顶山禅院模件化设计

Inheriting the Ancient : Reconstructing the Ancient and the Modern
——Modular Design for Ya'an Mengdingshan Zen Temple

张毅（深圳工作站）

学校：四川美术学院
学校导师：潘召南
企业名称：HSD 水平线室内设计有限公司
企业导师：琚宾

师承于古·重构与今——雅安蒙顶山禅院模件化设计 / 张毅
Inheriting the Ancient · Reconstructing the Ancient and the Modern
— Modular Design for Ya'an Mengdingshan Zen Temple / Zhang Yi

设计说明

历史是创新的源泉，不知往者不以图将来。在全球化背景下，科技快速发展的同时隐藏着文化性和地域性快速消逝的遗憾。江南园林是中国宝贵的文化遗产，从古至今深刻影响着我国的审美导向和文化发展，其中蕴含的"模件思想"更是与现代标准化、装配化和模块化的造物理念不谋而合。

模件化设计是本设计作品的思想源头和出发点。著名德国汉学家雷德侯在著作《万物》中提出，中国艺术与生产领域自古就存在"模件"体系。"模件"作为中国传统文化的精粹，是中国艺术设计的独立起源之一。其不同于西方的现代设计理论，自古以来就是一种源自于中国传统园林、哲学思想、传统建筑、文字、绘画等工艺领域的造物理论体系。模件化设计脱胎于模件思想之中，是一种由小生大、由简生繁的设计方法。通过创建基础的模件单元，以一定的秩序进行多层次的组合，从而产生具有整体性、系统性的模件设计方法，为整体性修建设计与工业化预制生产打下基础。

本设计作品以四川省雅安市蒙顶山观山禅院为例，以中国传统的模件造物理念、营造方法、结构构件为切入点，研究乡村山地的装配式人居环境。从模件化思维的角度出发，以江南园林景观的模件思想、模件层级和造园方法为载体，研究"模件思想"在当代空间中的转译与应用。设计以当代的设计语言将江南园林的模件体系进行全新的转化，以面向未来的态度为当下标准化、模块化、装配式的空间设计提供一个更深层次符合中国传统造物理念的解决方案，为开创中国智造的伟大时代贡献力量。

顾与识
产学合作培养研究生佳作集

Retrospecting and Reunderstanding
Collection of Masterpieces of Industry-university Cooperation
Training Graduate Students

主要核心理念有以下五个方面：

（1）模件体系：模件源于我国古代，是最为古老的装配式理念。本设计以模件体系作为设计出发点。

（2）技艺延续：以川西吊脚楼为灵感，将本土的传统建造技术进行当代转化。古为今用，挖掘空间设计中的文化根性。

（3）简化构法：简化传统建造技术，将基础构件工业化、尺寸模数化、生产系统化，以实现更为经济高效的建造方式。

（4）有机衍生：在运用模件式装配技术的基础上，进行不同功能和形态的衍生变化，规避单调生硬。

（5）敏捷系统：80%的构件标准化生产，20%的构件灵活调控。快速反应、灵活适应不同地域条件，在高效建造的同时避免产生同质化现象。

师承于古·重构与今——雅安蒙顶山禅院模件化设计 / 张毅
Inheriting the Ancient · Reconstructing the Ancient and the Modern
— Modular Design for Ya'an Mengdingshan Zen Temple / Zhang Yi

1- 效果图

顾与识
产学合作培养研究生佳作集

Retrospecting and Reunderstanding
Collection of Masterpieces of Industry-university Cooperation
Training Graduate Students

师承于古・重构与今——雅安蒙顶山禅院模件化设计 / 张毅
Inheriting the Ancient · Reconstructing the Ancient and the Modern
— Modular Design for Ya'an Mengdingshan Zen Temple / Zhang Yi

顾与识
产学合作培养研究生佳作集

Retrospecting and Reunderstanding
Collection of Masterpieces of Industry-university Cooperation
Training Graduate Students

纤纤繁华梦
——基于『CHINOISERIE』风格研究下的售楼处设计

A Dream of Delicate Prosperity
—A Sales Office Design Based on the "CHINOISERIE" Style Study

张美昕（深圳工作站）

学校：四川美术学院
学校导师：潘召南
企业名称：深圳市梓人环境设计有限公司
企业导师：颜政

设计说明

1. 设计研究背景

16-18 世纪的二百余年间，西方从未停止过对东方中国的讨论和想象，由上至下，从国家到地方、从贵族到平民都对中国的生活和艺术充满着向往和好奇。远在东方的中国通过海上和陆地两条丝绸之路向西方传递了一个完全不一样的文化景象，尤其是到了 17-18 世纪的康熙、雍正、乾隆时期，中国的经济总量达到了世界第一，人口总数占到了世界总人口的三分之一，广袤的疆域有着极丰富的物产和巨大的市场。伴随中国的瓷器、茶叶和丝绸等产品不断销往世界各地的同时，文化和艺术也对西方世界产生着重要的影响，并在此影响下形成了新的艺术风格即："Chinoiserie"又称为"中国风"。"Chinoiserie"风格作为承载中国文化的艺术风格开始在这一时期逐渐流行于欧洲，并影响到众多的文化艺术领域，"Chinoiserie"风格反映出大航海时代的西方对中国文化的想象与向往，以及对亚洲大陆所怀有的好奇与探寻，体现了西方社会站在自身的文化立场对于中国艺术形式和人文思想的主观阐述和臆想，成为外来艺术与本土文化兼容的转基因式的现象。"Chinoiserie"恰如其分地结合了欧洲的巴洛克与洛可可艺术，丰富了欧洲艺术史和装饰设计史，成为风靡欧洲新艺术运动的重要形式之一，并对工艺美术运动后的艺术与设计思潮产生深远的影响。

目光回归至现今，中国的综合国力及国际地位的不断提升，西方重新聚焦于中国。在国内"文化互鉴"的概念愈发频繁地被提及，中西方政治、经济、文化的交流与互鉴已经延伸到了艺术设计领域。艺术表现形式变得愈发多元，人们对待美的标准和态度不再单一，曾经的美好开始被人重新发掘和审视，"Chinoiserie"风格开始重新引发人们的关注。目前国内外对于"Chinoiserie"风格的研究多停留于梳理发展史等单一理论层面，对于其风格特征的总结和提炼以及对于当代设计的启示

顾与识
产学合作培养研究生佳作集

Retrospecting and Reunderstanding
Collection of Masterpieces of Industry-university Cooperation
Training Graduate Students

和思考较少。由鉴于此，设计者希望可以着重梳理"Chinoiserie"的风格特征以及其表现形式，并将其转化为设计方法论，从而对当代"中国风格"的现代性应用产生启发。

2. 设计构想

本次课题在理论研究的基础上，尝试将研究成果运用于具体的设计实践。最终项目类型确定为售楼中心设计，项目名称为北京小瓦窑售楼中心，地点位于北京市丰台区张仪村路、丰仪路交叉路口东侧（图5、图6）。项目占地面积约为2100m²，建筑占地面积为400m²。售楼处主体为永久性建筑，将来经过少量立面改造可变为独立商业建筑。

以往的售楼中心设计风格多为现代简约、禅意中式、古典欧式等，这些既定的设计风格难免会产生视觉上的审美疲劳。故基于此次课题的研究，尝试将17-18世纪"Chinoiserie"的设计风格及表现手法运用于售楼处的设计之中，希望在视觉上形成更加多元的风格感受。

本次设计的目标是通过对"Chinoiserie"风格的研究，基于西方对东方异域的接纳与欣赏的方式方法，结合本土文化的再生与发展，形成新的艺术与设计风格并应用于现代商业空间之中。

1
2
3

1 - 平面图
2 - 效果图 1
3 - 效果图 2

顾与识
产学合作培养研究生佳作集

Retrospecting and Reunderstanding
Collection of Masterpieces of Industry-university Cooperation
Training Graduate Students

顾与识
产学合作培养研究生佳作集

Retrospecting and Reunderstanding
Collection of Masterpieces of Industry-university Cooperation
Training Graduate Students

顾与识
产学合作培养研究生佳作集

Retrospecting and Reunderstanding
Collection of Masterpieces of Industry-university Cooperation
Training Graduate Students

安远康莱博酒店设计

Design of the Anyuan Conrab Hotel

闻翘楚（深圳工作站）

学校：四川美术学院
学校导师：潘召南
企业名称：深圳广田装饰集团设计院
企业导师：肖平、孙乐刚

设计说明

1. 设计概况

　　安远康莱博酒店位于安远县中央祥光公园对面，定位为安远县第一家五星级酒店。建筑整体共十九层，酒店部分面积约 18000 ㎡，一、三、四层为公区，五至十七层为客房。一层设有大堂、大堂吧、全日制餐厅；三层宴会厅、多功能厅；四层为餐厅包间、会议室；五层为庭院大床房 9 间、套房 2 间、双床房 4 间、特价房 1 间；六至十七层为大床房与双床房共 165 间、特价房 11 间、套房 11 间。此次设计的范围为大堂、大堂吧、全日制餐厅以及客房。

2. 设计理念与方法

	功　能	形　式
约　束	（1）时代技术与空间生理感受之间的制约关系； （2）可容纳的功能受限与空间面积	（1）时代技术与空间视觉效果之间的制约关系； （2）空间形态本身受制于时代技术
释　放	（1）新功能需求的产生和解决； （2）空间的体验感受更符合人的感受； （3）更多的功能缩到有限面积的空间中	（1）多元的设计观念得以实现的可能； （2）设计概念的逐步实现； （3）形态向两端的极致发展：简化与复杂化

　　20 世纪初诞生的现代主义完成了建筑的复杂形式到几何秩序的革新，经历了后现代主义的冲击，在今天的建筑领域现代主义仍旧占据一席之地，并继续发展。室内设计的理论体系多源自建筑学、工程学或是纯艺术领域。 用于空间设计中的"极简主义"兼具建筑理论中的现代主义和艺术领域的极简主义，常见于当代的空间设计中。 极简主义设计理念能够延续至今，一方面是在于清晰的几何秩序以及标准化的建造手段顺应时代潮流；另一方面在于极简主义设计的表现形式有更深层次的美学价值。此外，材料和技术对于空间功能和形式有约束和释放两个方面的影响。

顾与识
产学合作培养研究生佳作集

Retrospecting and Reunderstanding
Collection of Masterpieces of Industry-university Cooperation
Training Graduate Students

　　本设计的理论基础源自极简主义设计，所以在设计的过程中，我运用极简的方法来营造空间氛围，探讨在具象形态消隐的前提下如何完成空间内在理想的表达。视觉上运用极致简化的形态，在保证空间体验舒适的同时给空间增添形式美感与内涵，材料语言同空间形式逻辑结合，提升空间的知觉体验。设计的主要目标是将纯粹的极简形式运用在有限的空间中，简化材质、消隐具象符号，以线条为主构成空间，运用材料增强空间的知觉体验。

　　极简主义中不包含过多的设计元素，它本身就呈现着极致纯粹的、理性的独特逻辑。由此，我总结出设计概念："空集"，作为本设计的主题。

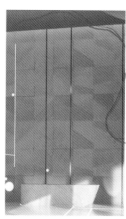

	2
	3
1	4

1 – 空间中线条的应用
2 – 大堂效果图 1
3 – 大堂效果图 2
4 – 大堂效果图 3

顾与识
产学合作培养研究生佳作集

Retrospecting and Reunderstanding
Collection of Masterpieces of Industry-university Cooperation
Training Graduate Students

5   9
6   7   8

5 - 餐厅效果图
6 - 客房效果图（局部）1
7 - 客房效果图（局部）2
8 - 客房效果图（局部）3
9 - 客房效果图

顾与识
产学合作培养研究生佳作集

Retrospecting and Reunderstanding
Collection of Masterpieces of Industry-university Cooperation
Training Graduate Students

西咸万怡西安酒店室内设计

Interior Design of Xixian Courtyard Xi'an Hotel

罗娟（深圳工作站）

学校：四川美术学院
学校导师：余毅
企业名称：PLD 刘波设计顾问有限公司
企业导师：刘波

设计说明

　　全球经济一体化的背景下，酒店的设计模式和标准化设计逐渐同化，各酒店之间的设计效果大同小异，当下的酒店设计呈现出一种缺少个性化语言和独特性体验的现象。追求与众不同的体验将会成为消费者在选择入住时首要考虑的因素。在此设计中用后现代设计的理念及表现手法以西安万怡酒店为实践载体，以大唐文化作为西安万怡酒店的设计主题，用当代的设计思维和手法使历史文化在空间中呈现它独特的魅力。历史文化如何在酒店空间设计中以艺术化的设计方式进行衍生，注重文化要素在空间设计中得以传承和创新，并通过历史研究法对大唐文化进行梳理，筛选出具有共通性的精髓文化元素使其在一个空间中碰撞出火花，使用破解、重组、再造、创新的手段对材料进行二次设计使用，分析及借鉴大唐宫殿建筑设计法则来进行酒店空间分割，并通过优秀案例分析，总结得出传统材料在现代转译上的合理使用，设计出具有个性化、独特性、历史深远感的文化内涵空间。

　　西安万怡酒店是深圳 PLD 刘波设计顾问有限公司目前正在进行的一个设计实践项目，该酒店位于我国陕西省西安市西咸新区，距西安北站 25km，到西安咸阳国际机场 22km。西咸新区作为中国的第七个国家级新区，具有得天独厚的地理位置。

　　西安万怡酒店作为万豪旗下的子品牌，定位四星级酒店，酒店将以独特创新的空间设计呈现，以体现艺术性、文化内涵的空间感受为设计方向，以中高端客户消费为主。此设计的关键词是"大唐文化""文化体验"，将从体验服务型酒店入手，将"体验"放在服务的首位，打造一个具有大唐历史文化体验的空间表现。

　　大堂是集会客、接待、登记、商务于一体的功能区，以"初见大唐"作为设计主题，大明宫的"宣政殿"作为设计原型。以香槟金色调为主，以建筑榫卯木构作为顶棚

顾与识
产学合作培养研究生佳作集

Retrospecting and Reunderstanding
Collection of Masterpieces of Industry-university Cooperation
Training Graduate Students

的设计造型，酒店入口以城门的超大型艺术墙呈现，简洁大方，大堂区域将呈现出欣欣向荣、富丽堂皇的皇家风范，象征宾客们至高无上的尊贵。

　　大堂吧以"丝绸之路"作为设计主题，整个空间色调活跃，以中黄色调为主，酱红色为辅，该区域体现多姿多彩的外来多元文化。两个空间主要以简洁明了、点到即止的设计形式呈现，空间意境表达借鉴了佛教的"性空无我"参禅之道。

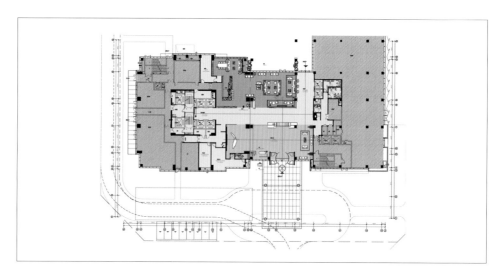

功能分区

大唐——大堂——大堂吧
在空间布局上以实用为主，大堂和大堂吧的位置比较相近，空间中屏风的使用率也比较高，在空间上形成遮挡关系。

大堂区域
大堂吧区域

1	3
2	4
	5

1 – 平面布局图
2 – 功能分区
3 – 大堂吧效果图
4 – 大堂效果图
5 – 大堂入口效果图

顾与识
产学合作培养研究生佳作集

Retrospecting and Reunderstanding
Collection of Masterpieces of Industry-university Cooperation
Training Graduate Students

6	7	10
8	9	

6 - 过道效果图
7 - 交流区效果图
8 - 水吧 / 就餐区效果图
9 - 局部效果图
10 - 大堂效果图

顾与识
产学合作培养研究生佳作集

Retrospecting and Reunderstanding
Collection of Masterpieces of Industry-university Cooperation
Training Graduate Students

重庆阳光童年旅游项目
——荷兰小镇

Chongqing Sunshine Childhood Tourism Project
—Holland Village

陈秋璇（深圳工作站）

学校：四川美术学院
学校导师：马一兵
企业名称：深圳市筑奥景观建筑设计有限公司
企业导师：张青

设计说明

现在亲子旅游已成为解决亲子问题、促进交流、增进家庭感情的新方式。随着我国经济的快速发展，2015 年全国人均的 GDP 已超过 7000 美元，旅游消费进入需求爆发式增长时期，旅游的形式从观光休闲旅游向休闲旅游和度假旅游过渡。随着人们的休闲需求和消费能力增强，以及旅游目的地的选择趋于多样化，人们不再以打卡观光为主，旅游成为大众视野下时髦的生活新方式。旅游形式和消费的转变，让旅游目的地和内容变得更加丰富有针对性，旅游人群更加细分。亲子旅游是一种独立于家庭旅游和儿童旅游的新型旅游模式。在携程发布的《2017 中国旅游者意愿调查报告》中显示 25.3% 的父母愿意带孩子外出旅游，特别是带薪休假的提出，让父母有了充足的时间陪伴孩子，所以可以看出亲子游在国内有一定发展空间。虽然二胎政策已经推出，但以一对夫妇及未婚子女（无论有无血缘关系）组成的家庭比例仍占多数。同时，2013 年开始陆续有电视媒体播出关于亲子类户外真人秀节目，随着节目的播出，亲子旅游受到了大众的喜爱和关注，不仅为旅游景区做了免费的宣传，还为景区提供了大量慕名而来的游客，带来了巨大的经济效益，推动了亲子旅游业的发展，掀起了一股亲子旅游的热潮。

日本学者诧摩武俊曾指出："不管你立足什么理论，孩子从婴儿期到儿童期的人格形成过程中，父母子女的关系是一个极其重要的因素"。父母在孩子的成长过程中扮演着重要的角色，作为"80 后""90 后"年轻一代的父母面临着不小的生活压力，挣钱、买房、照顾老人小孩、孩子教育的一系列问题。与孩子交流的时间被挤成了碎片化，地点也仅限于接送孩子的路上和家里，和孩子的沟通存在着问题。亲子游的目的地成为父母和孩子的第三交流空间，在孩子的教育上区别于在室内的死板说教，户外空间成了他们之间交流的载体，显得更加生动形象。对于心智尚未熟的未成年人来说，旅游目的地不再是简单的休闲娱乐场所，它能成为孩子实现自

顾与识
产学合作培养研究生佳作集

Retrospecting and Reunderstanding
Collection of Masterpieces of Industry-university Cooperation
Training Graduate Students

我构建、自我认知、自我实现、完善人格的新方式，所以作为这种载体的空间就显得颇为重要。如何营造亲子旅游景观空间成为当下需要解决的问题。

该项目位于重庆武隆仙女山旅游度假区，以亲子旅游度假为核心，项目占地面积 6500 余亩，分别体现中国"巴蜀文化"、丹麦"童话世界"、瑞士"冰雪乐园"、日本"动漫世界"、巴西"百鸟世界"、荷兰"郁金香王国"和美国"未来世界"等不同风情的全季候童年度假体验项目。

其中，荷兰驿站总面积 55560㎡，处于项目地中东部，北侧是巴西小镇，西部毗邻日本小镇，西南侧为丹麦小镇，东侧为自然森林。项目是以荷兰的文化为主题，将家庭作为对象的亲子旅游景观，遵循以人为本的设计原则，充分考虑到亲子的生理和心理需求，结合场地的地形设计，尽量将孩子游玩的设施与场地结合，避免单一的机械游乐设施。营造充满荷兰文化氛围的主题景观，为父母和孩子创造优良的交流空间。并做到尊重原场地，将施工留下的大量可取材料再利用到景观中去。

设计的理念是通过对荷兰文化的梳理，整理出拥有荷兰特色的主题内容，设计适宜父母和孩子一起互动和玩耍的空间，让不同年龄段的游客在项目中都能在无意中邂逅自己的"童年时光"。将荷兰文化主题通过非时序性的手法进行编排，根据父母和孩子的互动空间和孩子成长阶段中对于户外空间的功能需求作为空间划分的标准，将场地分为休闲运动区、知识科普区、主题游玩区、农业观赏区，以动静结合的方式作为明线贯穿整块场地。将航海时代、创新艺术、城堡探秘、绿野仙踪作为每块区域的主题以暗线的形式衔接。其中，运用景墙小品等作为每个主题中穿插的静态叙事，实现空间内容的丰富性。

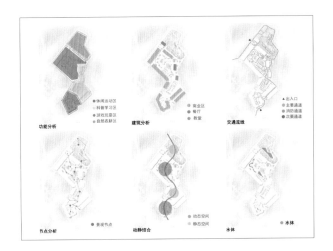

1

2

1 – 基本分析
2 – 项目设计总平面图

顾与识
产学合作培养研究生佳作集

Retrospecting and Reunderstanding
Collection of Masterpieces of Industry-university Cooperation
Training Graduate Students

顾与识
产学合作培养研究生佳作集

Retrospecting and Reunderstanding
Collection of Masterpieces of Industry-university Cooperation
Training Graduate Students

『新陈代谢』
——北京前门草厂24号院
接待中心设计

"Metabolism"
—— Reception Centre Design for Caochang No.24 Yard of
Qianmen District, Beijing

陈依婷（深圳工作站）

学校：四川美术学院

学校导师：赵宇

企业名称：HSD 水平线室内设计有限公司

企业导师：琚宾

设计说明

　　该项目位于北京市东城区前门地区，由草厂二条的 24 号院和草厂三条的 19 号院组成。其设计关键词是"建构"与"木构"。在四合院的设计中，运用新的现代材料和传统材料结合，使旧建筑"吸收"现代性，在传统营建的木构体系下转译成属于当代的建构逻辑。从"新陈代谢"的角度去做一些创新的尝试，先消化原有的传统结构，包括结构支撑、材料性能、构成语言等，再结合现代材料技术做一些优化，将建筑内部语言通过新的建构逻辑关系可视化，代谢"旧的"生成"新的"。以此，探索过去与现在、传统与现代的木构建筑在当代视野下新的可能性。

　　在场地建筑关系上，餐厅和酒吧是被保留的旧建筑，代表着建筑的"生存"和过去，茶室是保留了旧建筑的山墙，结构内核是新建的木构框架，代表着建筑的"生长"和现在，书吧休闲区是通过对抬梁式木结构的转译形成的全新的木构建筑，代表着建筑的"新生"和未来。在"新陈代谢"的生物概念中，建筑的"生长"如同"同

平面图

顾与识
产学合作培养研究生佳作集

Retrospecting and Reunderstanding
Collection of Masterpieces of Industry-university Cooperation
Training Graduate Students

化作用"：建筑吸收现代材料、运用现代技术转化为自身的"能量"，同时存在传统与当代。建筑的"新生"如同"异化作用"：建筑将传统的结构材料和气韵"消解"，将"能量"转化到新的建筑形式中，在全新的建筑体中表现传统。

茶室是建筑的"生长"，由两层的旧山墙和新结构框架的建筑组成，整个主要支撑体系是抬梁结构，虹桥结构会介入屋顶的结构体系里面，虹桥结构本是两个不稳定的拱骨结构，通过插入横杆形成一个稳固的超静定系统。在茶室的设计方案中，金檩替换了横杆，金檩得到横梁和柱的承托，分担了屋顶虹桥结构的横向力传递，使屋顶的举折跨度变大，突破原有的屋檐空间限度，扩展檐下空间，强调檐下空间在中国传统建筑里的重要意义，强调建筑的"中国性"。

书吧休闲区是建筑的"新生"，因为整个建筑完全新建，材料是胶合木，建筑结构是层级化的木构体系，一种层叠型结构，通过对抬梁式木结构的转化，遵循抬梁式的力传递关系，简化了檩和屋顶，直接从柱到梁的传递，使力的传递更加高效，胶合木的运用也使得梁柱的跨度增大，有更好的承载力。建筑分为三个结构体系，主要起支撑承重作用的新型层级化木构体系、起分隔作用的轻质混凝土墙体、起保护作用的半透塑料浪板壳体结构。塑料浪板由轻钢支撑，钢结构隐喻卷棚悬山式的屋顶。

1

2 3

1 – 鸟瞰图
2 – 平剖面图 1
3 – 平剖面图 2

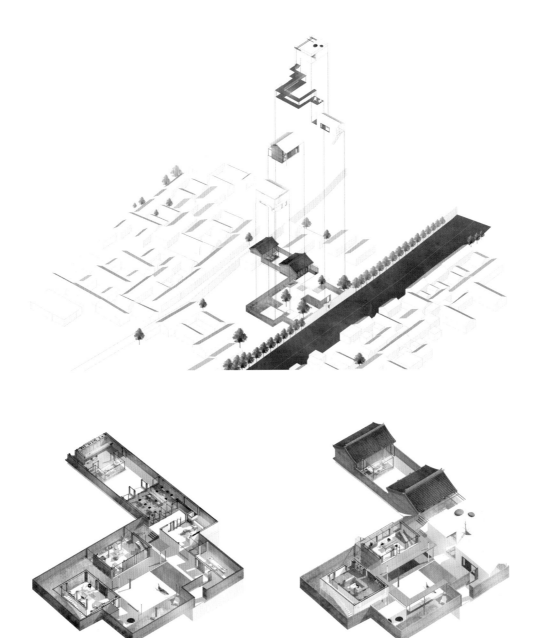

顾与识
产学合作培养研究生佳作集

Retrospecting and Reunderstanding
Collection of Masterpieces of Industry-university Cooperation
Training Graduate Students

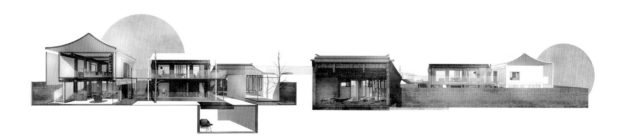

顾与识
产学合作培养研究生佳作集

Retrospecting and Reunderstanding
Collection of Masterpieces of Industry-university Cooperation
Training Graduate Students

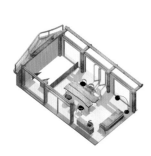

8	9	12
10	11	13

8 – 茶室一层分析图
9 – 茶室一层效果图 1
10 – 茶室二层分析图
11 – 茶室二层效果图 1
12 – 茶室一层效果图 2
13 – 茶室二层效果图 2

顾与识
产学合作培养研究生佳作集

Retrospecting and Reunderstanding
Collection of Masterpieces of Industry-university Cooperation
Training Graduate Students

阆中桂香书院设计

Design of Langzhong Guixiang Academy

杨蕊荷（北京工作站）

学校：四川美术学院
学校导师：潘召南
企业名称：中国中建设计集团有限公司
企业导师：张宇锋

设计说明

1. 项目介绍

本项目位于四川省阆中古城之南清代"桂香阁"园林旧址（马王庙街县学坝北侧）。项目选址距江陵江边仅百余米，对面为锦屏山和大佛寺。阆中桂香书院落户于最优美的自然环境和最深厚的人文环境中，可谓得天独厚。项目原址建筑在古城基础设施建设和景点打造工作中被定义为不协调建筑，需要进行改造，规划在清代桂香阁的原址基础上复建一座书院，来还原古城风貌并实现院落的回归。本设计项目优势是利用了古城区丰富的地下资源，让空间功能向下展开，解决了地上空间对建筑的限制，对于古城区发展是一个可行性途径。

2. 设计方法

由于各种历史原因，中国传统民居遗存的物质遗产有限，史料中记载的优秀民居院落实体早已荡然无存，只能从历史文献中得以窥斑见豹。阆中古城历史悠久，古城中保存下来的历史建筑多为明清时期的建筑，本次设计在桂香阁原址上复建一座书院。原址是一个经典院落，作为学术交流场所，在当时传播文化思想发挥着重要作用。由于原址已拆除，无法从建筑实地获取传统人文精神和审美意境，因此，从历代传统风俗画中寻求参照，是一个恰当且较为真实的途径。中国历朝历代都有反映当时现实社会生活的风俗画，而这些画作多以描绘时下社会习俗及日常生活场景为题材的绘画文本，典型的、真实地反映了民居院落环境，理想化、情景化、唯美化地描绘了院落与人物的情态关系，具有重要的研究和借鉴意义。对传统风俗画中民居院落的人与空间、环境、尺寸、景观、植栽等要素所构成的意境展开系统的解析与归纳，并借鉴传统风俗画中对民居院落的营建手法，应用于项目环境设计之中。考虑到项目具体的现实需求，尝试选择与项目场景相关的风俗画绘本与项目设计进行针对性研究，探索既具有传统民居特色又适合现实应用的院落环境设计方法，

顾与识
产学合作培养研究生佳作集

Retrospecting and Reunderstanding
Collection of Masterpieces of Industry-university Cooperation
Training Graduate Students

并运用于阆中古城书院实践项目中。希望通过方法论的研究结合具体项目设计实践，能将理论与实践进行有效的印证和转换，践行古为今用的思想，同时，有效发挥传统风俗画这一历史文化遗产的现实价值。

3. 书院空间设计策略

首先，书院作为传播文化思想的学术交流场所，承担着教育培训、论坛讲座、文创设计及展览展示等功能，在人才培养、教育普及等方面发挥着重要作用。为了实现这些功能，在院落空间氛围的设计上需要考虑得更加全面丰富，书院以传统风俗画作为借鉴依据，结合当地地域文化，并运用传统和现代相结合的建造技术来构建书院空间环境。

其次，书院是面向公众开放的活动空间。考虑到书院的公共属性，要把传统民居院落进行再设计，把封闭的院落空间改造为开放式的，为人与人之间的交流提供更为开敞的空间。书院空间设计中继承了传统书院部分功能格局，用传统要素构建人文环境，为后人更好地了解及体验书院文化精粹提供条件。同时，书院空间设计在传统功能的基础上新增文化展示场所，作为书院自由学术精神的延续，构建一个学术交流的研究中心。

最后，在院落空间的营造上，应尽量保证院落与周边建筑的风貌相协调。书院应注重环境的营造，追求人与山水的互动，形成丰富的文化背景。因场地周边为居民区，且人工痕迹过多，故采用围合方式将喧嚣隔绝于外，营造出优美静谧的空间环境，犹如闹市中的园林一般，通过微缩的方式建出大自然的山水景观，来弥补现有环境的不足。在氛围的体验上，为了使人们在书院空间中体验不同的空间感受，就要做到合理的功能布局。在书院中，既能体验四季变化，融入自然环境，又可以从建筑本身体会古城生活氛围。同时由于书院的教育属性，在院落环境的设计中，应着重表现出学习交流的氛围，烘托出幽静、安逸、脱离世俗的意境。通过设置合理的参观流线，把人们引入不同的空间中，使书院成为可玩、可学、可参与的综合性文化空间。

| 1 | 1 - 轴测图 |
| 2 | 2 - 剖透图 |

顾与识
产学合作培养研究生佳作集

Retrospecting and Reunderstanding
Collection of Masterpieces of Industry-university Cooperation
Training Graduate Students

3	4	
5	6	11
7	8	
9	10	

3 - 水院效果图 1
4 - 水院效果图 2
5 - 阳光书屋效果图 1
6 - 阳光书屋效果图 2
7 - 茶室效果图
8 - 会客间效果图
9 - 会议室效果图
10 - 讲堂效果图
11 - 书吧效果图

顾与识
产学合作培养研究生佳作集

Retrospecting and Reunderstanding
Collection of Masterpieces of Industry-university Cooperation
Training Graduate Students

桥语·诉新生
——十堰市北京路人行天桥更新改造

Bridge Language · Tell the New Life
—— Renovation of the Footbridge on Beijing Road, Shiyan

夏瑞晗〔北京工作站〕

学校：四川美术学院

学校导师：龙国跃

企业名称：中国中建设计集团有限公司

企业导师：张宇锋

设计说明

　　桥，最初是从"想到对岸去和人交往，以扩展生活领域"的愿望出发，而建造在生活空间的用具，桥的历史仿佛就是一部建筑的发展史，也是一部人类文明发展的进步史。

　　随着时代及城市化进程的发展，城市人行天桥已经成为城市中特殊的附属元素，由于现代城市被大量簇团的家居住宅和公共建筑所填满，环境层次增多，交通网状组织也趋于错综繁杂，在匆忙的城市之间，穿梭的行人和车辆矛盾逐渐加深，维持道路的通畅性和减少车与人的冲突，进行人车分流是当务之急，因此担负疏导城市交通大任的人行天桥在各大城市中如雨后春笋般出现，为市民出行提供了极大的便利。与此同时，人行天桥以其数量多、体积小、点状分布的属性，以完整的形象、街道的延伸成为城市的视觉景观中心，逐渐转化为组成城市景观的重要角色，与周边的建筑、景观共同勾勒出城市印象，为文化的传承提供极为优良的平台。正如海德格尔曾在《诗、语、思》中这样写道："桥梁飞架于城市之间，轻盈而刚劲，并非仅仅把已存在那里的两岸连接起来。"城市人行天桥已成为文化的载体和彰显城市风采的竖向名片，其丰富的表现性和多元的可塑性，吸引了社会的关注，也是当下城市建设的民生热点。

　　纵观城市人行天桥的设计现状，虽然国内的城市人行天桥正如火如荼地建设着，但我们的归属感和安定感却在渐渐消失，缺乏文化底蕴和审美意识的形态设计，使大多数的人行天桥都处于模数化的建设状态，导致我国大多数人行天桥置身千桥一面、索然无味、毫无特色可言的局面。随着大众精神审美追求的提高和文化自信的崛起，城市人行天桥应该被追加更高的要求。如今，人行天桥就好像城市一条条永动不息的脉搏，与城市其他同样充满活力的建筑装饰交相辉映。除了采用大量的新

顾与识
产学合作培养研究生佳作集

Retrospecting and Reunderstanding
Collection of Masterpieces of Industry-university Cooperation
Training Graduate Students

技术外，更应在设计中打破固有陈旧的思维，以及站在过于纯粹工程角度的设计模式。需要在保障功能第一的基础上，重视桥的美观以及与城市风格的统一和谐，结合时代的背景特点、生态环境和可持续发展的观点，运用现代城市设计的理念，来探索新城市化进程中城市人行天桥的形态可能。于是将人行天桥的文化性表达与形态设计有机结合的探索带入城市景观环境中，该如何着手研究引发了思考。

本设计从中建设计的湖北十堰市北京路道路景观提升项目作延伸，聚焦于北京路城市人行天桥更新改造的专项设计。北京路位于十堰新城核心区，是十堰市区的主干道，规划总长约6.4公里，建成较新，功能齐全，更具山城特征，人行天桥若干，改造空间大。通过问卷调查方式收集整合有急切改造意愿的人行天桥，借助现场调研走访，综合筛选出最具有改造价值的三座人行天桥进行探索实践。其一，汉江师范学院人行天桥，与重庆立交相连，位于主干道，车辆较多，无法进行人车分流。其二，北京路立交桥人行天桥，为复杂的三层交通枢纽，底层人行道仅能南北通行，极其不便且危险。其三，万达广场人行天桥，靠近熊家湾立交，向下坡度较大，汽车速度较快与大量人流矛盾，行人仅依靠斑马线通过，安全性较差。鉴于此，对其区位环境的 U 形空间、周边环境、文化背景分析后，将三座人行天桥定位为：文化之桥、生态之桥、科技之桥。

总体从"韵""璞""炫"为设计中心点借助符号学的承载，将文化表达为符号形式与形态的共筑。

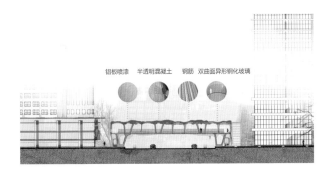

铝板喷漆　半透明混凝土　钢筋　双曲面异形钢化玻璃

1	
2	3
4	5

1 - 龙骨桥剖面及材料
2 - 明镜之眼桥上图
3 - 明镜之眼桥下图 1
4 - 明镜之眼桥下图 2
5 - 电梯观景

顾与识
产学合作培养研究生佳作集

Retrospecting and Reunderstanding
Collection of Masterpieces of Industry-university Cooperation
Training Graduate Students

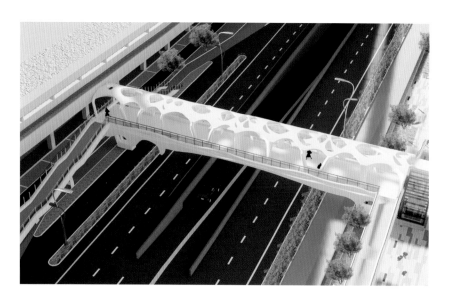

| 6 | 8 |
| 7 | 9 |

6 - 龙骨桥鸟瞰图
7 - 龙骨桥的光与影
8 - 漂浮之桥
9 - 漂浮之桥内部关系

图书在版编目（CIP）数据

顾与识：产学合作培养研究生佳作集 =
Retrospecting and Reunderstanding Collection of
Masterpieces of Industry-university Cooperation
Training Graduate Students / 潘召南等编 .—北京：
中国建筑工业出版社，2021.6
（艺术学（艺术硕士）研究生教学改革系列丛书）
ISBN 978-7-112-26146-8

Ⅰ．①顾… Ⅱ．①潘… Ⅲ．①产学合作－研究－中国
Ⅳ．① G520

中国版本图书馆 CIP 数据核字（2021）第 094795 号

责任编辑：唐　旭　张　华
文字编辑：李东禧
书籍设计：聂子荷　汪　泳
责任校对：王　烨

艺术学（艺术硕士）研究生教学改革系列丛书
Postgraduate Education Reform Series(Art & MFA)

顾与识　产学合作培养研究生佳作集
Retrospecting and Reunderstanding
Collection of Masterpieces of Industry-university Cooperation Training Graduate Students
潘召南　颜政　刘波　张宇锋　编
＊
中国建筑工业出版社出版、发行（北京海淀三里河路9号）
各地新华书店、建筑书店经销
天津图文方嘉印刷有限公司印刷
＊
开本：889毫米×1194毫米　1/20　印张：14²/₅　字数：270千字
2021年6月第一版　　2021年6月第一次印刷
定价：158.00元
ISBN 978-7-112-26146-8
　　　（37729）